rororo sport
Herausgegeben von Bernd Gottwald

Übungen für Vorbereitung
und Cool-down

Jürgen Freiwald

Aufwärmen im Sport

Mit Fotos von Horst Lichte

Rowohlt

SPORT rororo

Veröffentlicht im Rowohlt Taschenbuch Verlag GmbH,
Reinbek bei Hamburg, Mai 1991

Layout Angelika Weinert
Umschlaggestaltung Peter Wippermann / Jürgen Kaffer
(Foto: Horst Lichte)
Gesetzt aus der Times und Futura
bei Jung SatzCentrum, Lahnau
PM 4.0, Linotronic 300
Druck und Bindung Clausen & Bosse, Leck
Printed in Germany
ISBN 3 499 18642 X

23.–25. Tausend November 1998

Inhalt

Vorwort

Beim Beobachten sportlichen Trainings bzw. bei sportlichen Wettkämpfen fällt immer wieder auf, daß das Auf- und Abwärmen nicht ausreichend berücksichtigt, sondern vernachlässigt oder gar weggelassen wird. Häufig sind bei Sportlern im Rahmen der Vor- und der Nachbereitung mehr rituell geprägte Handlungen denn auf die künftige sportliche Tätigkeit ausgerichtete sportliche Aktivitäten zu beobachten; beim Freizeitsportler fehlt ein konsequentes Aufwärmen fast immer.
Angesichts dieser Tatsachen verwundert nicht die hohe Verletzungsquote und die zunehmende Häufung von irreparablen Schäden (Sportschäden), die sich im Laufe einer sportlichen Karriere entwickeln und sogar zu ihrer Beendigung zwingen können. Im Vordergrund der Ursachen stehen dabei die Schäden des passiven Bewegungsapparates wie Bänder-, Kapsel-, Sehnen- und Knorpeldefekte.
Dieses Buch soll Verständnis für das gezielte Auf- und Abwärmen wekken, zur Vermeidung solcher Schäden beitragen und die kurz-, mittel- und langfristige Leistungsprognose durch den konsequenten Einsatz vor- und nachbereitender Maßnahmen verbessern. Dafür sorgt die umfangreiche Übungssammlung als Kernstück des Buches.
Danken möchte ich an dieser Stelle der Firma Unilife für die Bereitstellung der telemetrischen Pulsfrequenzerfassung und der Firma Woodway für die freundliche Unterstützung mit einer EMG-Meßanlage.
Weiterhin danken möchte ich meiner Frau Sabine und meinem Sohn Jonas für die Zeit und das entgegengebrachte Verständnis sowie Scotty Gottwald für die gute und vertrauensvolle Unterstützung.

Einführung

Mit der zunehmenden Freizeit und dem damit einhergehenden veränderten Freizeitverhalten hat der Sport immer mehr an Bedeutung gewonnen; ein Ende des (Freizeit-)Sportbooms ist nicht abzusehen. Sportliche Freizeittätigkeiten gehören mittlerweile zum Alltag, und daß man sich vor Wettkampf und Training aufwärmt, sollte wie selbstverständlich dazugehören. Das Aufwärmen wird jedoch meist recht willkürlich durchgeführt und ist nicht immer auf die kommende Leistungsanforderung abgestimmt. Natürlich entstehen aus dem freizeitsportlichen Tun auch Probleme, die sich zum Beispiel in Form von Über- und Fehlbelastungen des aktiven und passiven Bewegungsapparates sowie im Auftreten von Verletzungen zeigen; die sportliche Belastung an sich sollte einen Ausgleich zur alltäglichen beruflichen Tätigkeit darstellen und nicht etwa ein zusätzliches Schadens- und Verletzungsrisiko in sich bergen.
Der Freizeit- und Breitensportler, so meinen viele, benötigt neben dem Auf- und Abwärmen keine speziellen Maßnahmen der Vor- und Nachbereitung von Training und Wettkampf. Die Belastungen des Trainings sind so gering, daß der Organismus des Sportlers sich innerhalb kurzer Zeit und von einem auf den anderen Tag regenerieren kann. Das trifft sicherlich beim Freizeitjogger zu, der dreimal wöchentlich zwanzig Minuten lang läuft.
In der heutigen Freizeitgesellschaft sind jedoch die Grenzen zwischen Breiten- und Hochleistungssportler immer unschärfer geworden; der Leistungsgedanke gewinnt auch und immer mehr im Freizeit- und

Breitensport an Bedeutung. So können wir auch im Freizeit- und Breitensport immer wieder *individuelle Grenzbelastungen* beobachten. Im Fitneßstudiobereich sind Sportler anzutreffen, die täglich mehrere Stunden trainieren. Ausdauersportler, ob Marathoner, Triathleten oder Fahrradfahrer, absolvieren ebenfalls höchste Trainingsbelastungen. Auch sie gehen häufig an ihre persönliche Leistungsgrenze – denken Sie nur an manchen Marathoner, der nach einer Laufzeit von 3:50 Std. als 6238ster ins Ziel wankt. Andere Sportler betreiben ihren Sport nur am Wochenende, dann jedoch mit großem Umfang und hoher Intensität. Das betrifft viele Surfer, Windsegler, Golfer, Tennisspieler, Squashspieler usw.

Beide Gruppen müssen sich im Interesse ihrer langfristigen Leistungsfähigkeit sportart- und anforderungsspezifisch vor- und nachbereiten, ebenso müssen sie ihre Lebensweise, ähnlich wie im Hochleistungsbereich, der sportlichen Tätigkeit anpassen.

In den vergangenen Jahren wurde die Bedeutung von Maßnahmen, die das Training bzw. den Wettkampf vor- und nachbereiten, immer deutlicher. Bis noch vor kurzer Zeit bezogen sich die Maßnahmen speziell auf das Vorbereiten des Herz-Kreislauf-Systems und der Muskulatur auf die künftige Belastung. Die Statistiken der letzten Jahre zeigen uns jedoch, daß Einschränkungen der Leistungsfähigkeit sich immer mehr auf den passiven als auf den aktiven Bewegungsapparat konzentrieren. Sportliche Aktivitäten müssen in den meisten Fällen wegen Belastungsunverträglichkeiten am passiven Stütz- und Bewegungsapparat eingeschränkt werden. Ein sinnvoll abgestimmtes Auf- und Abwärmprogramm kann an dieser Stelle im Sinne der Verhütung von Schäden (Prävention) einen wesentlichen Beitrag zum gesünderen Sporttreiben leisten.

Ein weiteres bisher nicht ausreichend behandeltes Thema sind die sich unterscheidenden Maßnahmen der Sportler vor und nach Training und Wettkampf je nach ausgeübter Sportart (Spezialisierung). Der Ausdauersportler als typischer Dauerleister muß andere vor- und nachbereitende Maßnahmen einsetzen als z. B. der Kraftsportler mit wenigen, jedoch intensiven Krafteinsätzen.

Es müssen also geeignete Maßnahmen zum Vor- und Nachbereiten von Training und Wettkampf ausdifferenziert werden und eine Aufteilung nach den speziellen Anforderungen (Sportarten), Leistungsstufen, Leistungsprognosen und dem Alter erfolgen. Zu diesen Themen will dieses Buch einen praxisbezogenen Beitrag leisten.

Aufwärmen und Abwärmen – was ist das?

Wenn während der sportlichen Tätigkeit mittlere und hohe Intensitäten erzielt werden, dann hat der sportlichen Tätigkeit eine Phase des Aufwärmens vorauszugehen, welche auf kommende Aufgaben vorbereitet und diese damit ohne Verletzungsgefahr tolerierbar macht. Mit dem Aufwärmen wird der Zeitraum unmittelbar vor dem Wettkampf bzw. der Anfangsteil einer Trainingseinheit bezeichnet.

Dem Aufwärmen werden unabhängig von der sportlichen Disziplin folgende Wirkungen zugewiesen:

1. Verbesserung der allgemeinen organischen Leistungsbereitschaft
2. Verbesserung der koordinativen Leistungsbereitschaft
3. Verbesserung der psychischen Leistungsbereitschaft
4. Präventive Funktion der Verletzungsvorsorge

Obwohl das Aufwärmen fester Bestandteil einer jeden sportlichen Disziplin geworden ist, ist seine Wirksamkeit im Sinne der präventiven Funktion bis heute noch nicht ausreichend bewiesen. Aufwärmen ist allerdings nur ein Teilaspekt von einem Bündel aktiver und passiver Maßnahmen, die mit der Zielsetzung der «... Herstellung einer optimalen psycho-physischen Verfassung vor sportlichem Training oder Wettkampf» (Röthig 1983, 40) getroffen werden (vgl. Tab. A1 im Anhang S. 183).

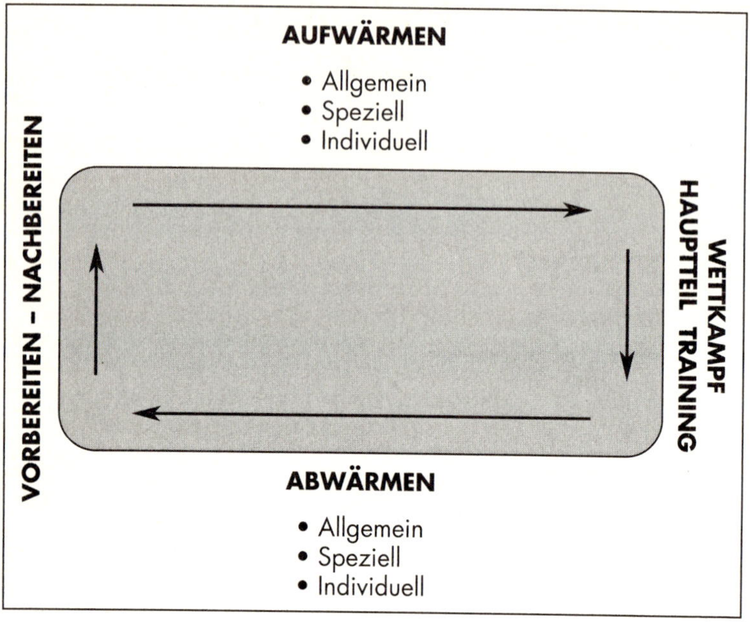

In der Literatur wird in allgemeines und spezielles Auf- und Abwärmen unterschieden (Weineck 1988). Andere Autoren (Knebel 1985) kritisieren die Aufteilung in allgemeine und spezielle aufwärmende Maßnahmen. Ich behalte diese Aufteilung nach wie vor bei, da sie sinnvoll erscheint und sich in der Praxis sehr bewährt hat. Ergänzend in die methodische Struktur wird das individuelle Abwärmen aufgenommen, angesichts der dargelegten Ziele des Auf- und Abwärmens eine längst überfällige Ergänzung. Besonders im Sinne der Verletzungsprophylaxe darf sich das Aufwärmen *nicht nur an der künftigen sportlichen Tätigkeit* orientieren. Das Individuum, der Sportler, muß mit seinen ganz persönlichen Vorausbedingungen, eventuellen Belastungsunverträglichkeiten sowie -möglichkeiten weit mehr als bisher in den Mittelpunkt der Überlegungen zum Auf- und Abwärmen gestellt werden. Daß mit dieser Sichtweise und den damit initiierten Handlungen ein mittel- und langfristig leistungspositiver Effekt verbunden ist, ist ganz natürlich.

Allgemeines, spezielles und individuelles Aufwärmen (Warm-up)

Allgemeines Aufwärmen

Allgemeines Aufwärmen hat sich schon auf die künftige Tätigkeit (Sportart) zu beziehen, es ist damit im Rahmen einer jeden Sportart verschieden und schon spezifisch auf die künftige Belastung bezogen. Ein Schwimmer wärmt sich immer anders auf als ein Basketballspieler. Beide werden jedoch ihren Organismus mittels allgemeiner Übungen aus ihrer Sportart (Schwimmer: Einschwimmen; Basketballspieler: Einlaufen mit und ohne Balldribbling) auf die künftigen Belastungen vorzubereiten versuchen.

BEISPIEL

ALLGEMEINES AUFWÄRMEN: HANDBALL

Im Rahmen des allgemeinen Aufwärmens beginnt der Handballspieler sein Programm mit einem lockeren Lauf in der Halle. Der Lauf wird anschließend in Vor-, Rück- und Seitwärtslauf variiert, es werden erste handballtypische Bewegungen (Balldribbling; Paßspiel) durchgeführt, wobei alle Bewegungen ohne maximale Kraft- und Geschwindigkeitseinsätze stattfinden.

Beim allgemeinen Aufwärmen sollte ca. ein Drittel (mindestens ein Sechstel) der gesamten Muskulatur in die Bewegungen miteinbezogen werden, um einen möglichst günstigen Reiz auf das Herz-Kreislauf-System auszuüben. Es wird eine allgemeine organische Leistungsbereitschaft angestrebt, die eine gute Basis für das nun folgende spezielle Aufwärmen darstellt. Im Leistungs- und Hochleistungssport wird vom allgemeinen zum speziellen Aufwärmen vorgegangen. Dieses Schema muß für den Freizeit- und Breitensport nicht verbindlich sein.

BEISPIEL

ALLGEMEINES UND SPEZIELLES AUFWÄRMEN: SCHWIMMEN

Der Freizeitschwimmer, der zweimal wöchentlich im Becken 1200 m absolviert, wärmt sich nicht gesondert auf; er beginnt sofort mit dem Schwimmen. Die Gewöhnungs- und Aufwärmphase, in der eine erste Einregulierung und Anpassung des Herz-Kreislauf-Systems stattfindet, wird über die Intensität (Geschwindigkeit) gesteuert. Das Anfangstempo ist reduziert, und erst nach dem ‹Einpegeln› aller leistungsbestimmenden Parameter wird das Tempo erhöht.
Unbenommen bleibt jedoch die Möglichkeit, vor dem Losschwimmen oder nach dem ersten ‹Einschwimmen› ein gymnastisches Zusatzprogramm an Land oder im Wasser durchzuführen; gerade für den älteren Sportler ein besonders empfehlenswerter Trainingsinhalt.

Spezielles Aufwärmen

Im Leistungssport geht das allgemeine Aufwärmen immer dem *speziellen* Aufwärmen voraus. Das spezielle Aufwärmen orientiert sich in erster Linie an der Sportart und den damit verbundenen, für die Sportart typischen Anforderungen. Es zielt direkt auf die optimale Bewältigung der kommenden Trainings- und Wettkampfanforderungen ab.
Durch das spezielle Aufwärmen werden im Gesamtorganismus und in den Muskelgruppen, die an der späteren Bewegung vorrangig beteiligt sind, optimale Voraussetzungen geschaffen. Diese Optimierung betrifft nicht nur die speziellen Stoffwechselabläufe, sondern in gleicher Weise die nervösen Vorgänge der Bewegungskoordination und das Einstimmen der Psyche auf die Trainings- und Wettkampfinhalte (S. 33 f und 35 f).
Folgen im Hauptteil eines Basketballtrainings beispielsweise Übungen zur Entwicklung der Antrittsschnelligkeit, dann orientieren sich die Inhalte des Aufwärmens an der geplanten spezifischen und hohen Belastung (maximale Antritte). In das entsprechende Aufwärmtraining sind erste submaximale Antritte ebenso zu integrieren wie gezielte Maßnahmen zur Anspannung und Dehnung der im Sprint bevorzugt beanspruchten Muskulatur. Dadurch wird eine Optimierung der Leistungsfähigkeit sowie eine Reduzierung der Verletzungsanfälligkeit der im folgenden stark beanspruchten Muskulatur angestrebt.

Es ist also nach wie vor eine Differenzierung von allgemeinen und speziellen Maßnahmen innerhalb des Aufwärmprozesses möglich, die getroffenen Maßnahmen sind insofern alle ‹spezifisch›, als sie sich auf die gewählte Sportart beziehen, es kommen die Maßnahmen des individuellen Aufwärmens hinzu.

Individuelles Aufwärmen

Das *individuelle* Aufwärmen ist in erster Linie auf den Sportler mit seinen ganz persönlichen Voraussetzungen abgestimmt. Es wird ein Abgleich zwischen den folgenden Trainings- und Wettkampfanforderungen sowie den individuellen Voraussetzungen des Sportlers vorgenommen. Es sind sowohl Belastungsverträglichkeiten als auch Belastungsunverträglichkeiten zu berücksichtigen sowie im Sinne einer optimalen Leistungsentwicklung die individuellen Schwächen des Sportlers, die die mögliche Leistungsfähigkeit einschränken.

Abb. 1: Struktur des Aufwärmprozesses

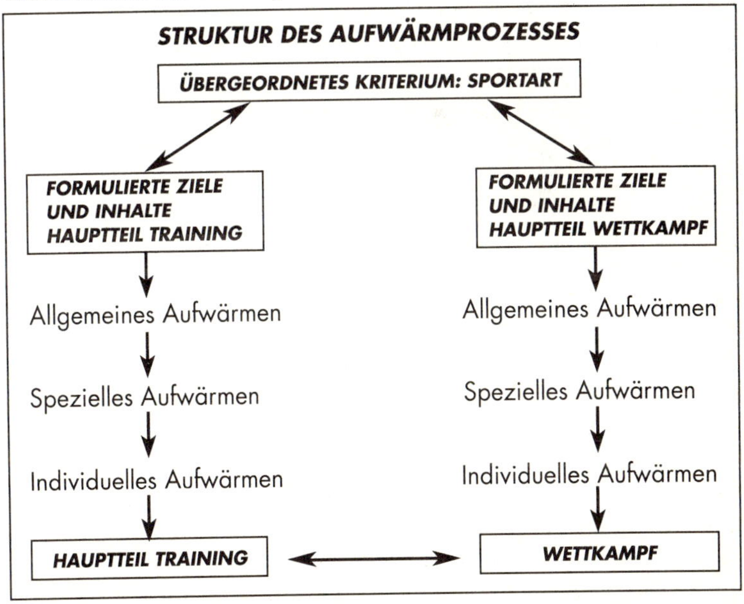

Als Beispiel sei an dieser Stelle ein Fußballspieler angesprochen, der durch verkürzte Adduktoren eine eingeschränkte Beweglichkeit im Hüftgelenk hat. In einem solchen (Dys-)Funktionszustand leiden alle fußballtypischen Techniken, die von einer ausreichenden Hüftgelenksbeweglichkeit abhängig sind (Tackling; Ballannahme eines hoch einfliegenden Balls mit der Fußinnenseite u. a.). Mittel- und langfristig sind Schmerzen am Ansatz und im Verlauf der Adduktorenmuskeln zu erwarten; eventuell sogar Schädigungen des Hüftgelenks. Individuelles Aufwärmen berücksichtigt diese Faktoren und setzt entsprechende, gleichsam präventive wie leistungssteigernde, Trainingsmaßnahmen ein.

Für einen Fußballspieler kann das Ganze folgendermaßen aussehen: Der Spieler bereitet sich auf einen Wettkampf (Punktspiel in der Meisterschaftsrunde) vor. Durch das *allgemeine Aufwärmen* verfolgt er als Ziel das Anregen der Herz-Kreislauf-Tätigkeit, eine Erhöhung der Körpertemperatur und ein persönliches ‹Einstimmen› auf das folgende Spiel. Er steuert das Ziel durch ein lockeres, ca. zwölfminütiges Traben und das Dehnen der Hauptmuskelgruppen an.

Im Rahmen des *speziellen Aufwärmens* paßt er seine Laufarbeit den typischen, im Wettkampf geforderten Laufformen (Intervalle) an. Da er vom Trainer weiß, daß er heute einen sehr schnellen Gegenspieler hat, versucht er sich durch mehrfache Antritte schon körperlich und geistig auf diesen Gegenspieler einzustellen (Starten; Laufen vorwärts, seitwärts, rückwärts; Abstoppen).

Nachdem er seine Ballarbeit (Passen, Jonglieren), inklusive einiger Kopfballserien, absolviert hat, wendet er sich dem *individuellen Aufwärmen* zu. Er dehnt mehrfach seine zur Verkürzung neigenden Adduktoren mit dem Ziel der Entspannung (Detonisierung) der verkürzten Muskulatur.

Auf diese Art und Weise systematisch aufgewärmt, ist von diesem Spieler im Spiel eine bessere persönliche Leistung sowie eine verringerte Anfälligkeit für Verletzungen zu erwarten.

Allgemeines, spezielles und individuelles Abwärmen (Cool-down)

Der Zeitraum des Abwärmens bezeichnet die kurze Zeit nach dem Hauptteil einer Trainingseinheit bzw. sich direkt an einen Wettkampf anschließende aktive oder passive Maßnahmen. Das Abwärmen (Cool-down) und Nachbereiten kann wie das Aufwärmen sowohl aktiv (z. B. Auslaufen, -schwimmen etc.) oder passiv (Massage, Sauna etc.) erfolgen. Direkt im Anschluß an den Hauptinhalt des Trainings bzw. des Wettkampfes stehen die *aktiven* Maßnahmen des kontrollierten Abwärmens im Vordergrund, wie überhaupt im direkten Anschluß an sportliche Belastungen die aktiven den passiven Maßnahmen überlegen sind.

Eine verbesserte Erholung durch gezielt eingesetzte Abwärmmaßnahmen bedeutet nicht nur eine schnellere und erhöhte Wiederbelastbarkeit im sportlichen Bereich, sondern ebenfalls eine frühere und erhöhte Wiederbelastbarkeit im beruflichen Leben. Nicht nur der Leistungssportler, sondern auch der Freizeit- und Breitensportler sollte im Sinne des langfristigen Erhaltens seiner Leistungsfähigkeit ein Augenmerk in Richtung des Aufwärmens und auf die gezielte Einleitung und Unterstützung seiner Erholprozesse durch systematisch eingesetzte abwärmende Maßnahmen richten.

Im Freizeitsport steht im Vordergrund des Abwärmens eine intensitätsgeminderte Fortführung der vorhergegangenen sportlichen Tätigkeit. Da der Freizeitsportler meist keinen fachkundigen Trainer zur Seite hat, muß er allein die Verantwortung für seine Trainingsplanung und damit auch für seinen Körper tragen. Auch der Freizeitsportler sollte bewußt Maßnahmen des Abwärmens einsetzen, um nicht erschöpft, sondern teilregeneriert mit der sportlichen Belastung aufzuhören. Es gilt der Grundsatz, *nicht erst dann aufzuhören, wenn man gar keine Energie mehr hat und keinerlei Lust verspürt weiterzumachen.* Beenden Sie die sportliche Tätigkeit (Freizeitsport) mittels abwärmender Aktivitäten auf eine solche Weise, daß Sie gleich wieder Lust verspüren auf das nächste Mal!

BEISPIEL

ABWÄRMEN IM FREIZEITSPORT: FUSSBALL

Wenn Freizeitsportler sich zum Kicken treffen, dann wärmen sie sich, wie man überall beobachten kann, mit Fußballspielen auf. Wenn die vereinbarte Spieldauer vorüber ist, geht der Sportler zum Duschen und Umkleiden. Wenn schon kein gezieltes Abwärmprogramm durchgeführt wird, so bietet es sich doch an, gegen Ende der sportlichen Betätigung die Intensität zu mindern; es werden keine maximalen Antritte und Sprünge mehr durchgeführt und allgemein die Laufintensitäten verringert. Dieses Vorgehen im Rahmen des Abwärmens ist spezifisch (an die Sportart gebunden) machbar und gestattet dem Organismus noch auf dem Sportplatz die Einleitung regenerativ wirksamer Stoffwechselregulationen und -umstellungen.
Ergänzend hat sich die Durchführung von gymnastischen Übungen (Dehnübungen) bewährt, die auf dem Sportplatz bzw. unter der Dusche absolviert werden. Sie sind entweder allgemein gehalten, d. h., es werden alle Hauptmuskelgruppen gedehnt oder speziell gehalten, oder es werden bevorzugt die beim Fußballspiel beanspruchten oder zur Verkürzung tendierenden Muskeln gedehnt. Ebenso können individuelle Dehnungen vorgenommen werden.

BEISPIEL

ABWÄRMEN IM FREIZEITSPORT: VOLLEYBALL

Volleyball als Sportart, die u. a. von schnellkräftigen Sprüngen geprägt ist, kann mit einem lockeren Lauf von ca. 10- bis 12minütiger Dauer zur Einleitung regenerativer Stoffwechselprozesse abgeschlossen werden. Als Nebeneffekt wird die aerobe Ausdauerfähigkeit verbessert, die für die Ablaufgeschwindigkeit sowie die Qualität der regenerativen Prozesse mitentscheidend ist. Es folgen gymnastische Übungen (Stretching), die auf dem Feld oder auch unter der Dusche durchgeführt werden können (allgemeine, spezielle und individuelle Dehnungen). Aufgrund der für Volleyball typischen starken Beanspruchung der Muskulatur und der passiven Strukturen (u. a. Kniegelenke) bietet sich ein warmes Bad an bzw. ein oder mehrere Saunagänge im Anschluß an die sportliche Belastung.

Abwärmen und Nachbereiten im Leistungs- und Hochleistungssport

Im Hochleistungssport spielen die Maßnahmen zur Wiederherstellung und der damit verbundenen erneuten Belastbarkeit natürlich eine noch weit größere Rolle als im Freizeit- und Breitensport. In den letzten Jahren haben sich im Bereich des Hochleistungssports wesentliche Veränderungen in der Trainingsplanung und -methodik vollzogen. Eine dieser Veränderungen ist, Trainingsmaßnahmen in ihrem zeitlichen Verlauf dergestalt zu planen, daß zeitweilig (gewollt) auf eine vollständige Wiederherstellung des Organismus verzichtet wird. Bei einer gut abgestimmten Planung des Trainingsprozesses im Hochleistungsbereich führt dies zu einer verbesserten Anpassung an die gesetzten Trainingsreize. Die Sportler arbeiten jedoch an ihrer persönlichen Leistungsgrenze und sind in solchen Phasen höchster Belastung wesentlich anfälliger für Verletzungen. Durch die tiefere Ausschöpfung aller Funktionssysteme befindet sich der Sportler zeitweilig und gewollt in einer Phase des ‹Übertrainings›.

Solche (Hochleistungs-)Trainingsmaßnahmen stellen höchste Anforderungen an die Trainingsplanung; die notwendigen und verbesserten Planungen betreffen zum einen die Gestaltung des Trainings selbst, z. B. den unbedingten Einsatz trainingsmethodischer Maßnahmen, wie das Auf- und Abwärmen, zum anderen den konsequenten Einsatz trainingsbegleitender Maßnahmen.

Das Abwärmen wird gezielt auf die vorhergegangene Belastung abgestimmt, es wird eine Verkürzung der Wiederherstellungszeit durch die zeitliche Beschleunigung und eine qualitative Verbesserung der Regenerationsprozesse beabsichtigt. Das Ziel des Abwärmens ist es, so schnell wie möglich aus der katabolen Stoffwechsellage (es werden energiereiche Verbindungen verbraucht) in eine anabole Stoffwechsellage zu gelangen. Die anabole Stoffwechsellage ist gekennzeichnet durch einen verstärkten Aufbau von Strukturen und energiereichen Verbindungen. Es spielen unter anderem hormonelle Faktoren eine Rolle, deren Regulation durch dosierte Abwärmmaßnahmen positiv beeinflußt werden.

Durch aktiv-abwärmende Maßnahmen wird die Sekretion von Hormonen reduziert, die *während* einer sportlichen Beanspruchung vermehrt ausgeschüttet werden (Katecholamin, Adrenalin, Noradrenalin, lipolytische, d. h. fettspaltende und glykogenolytische, d. h. zuckerspal-

tende Hormone). Der Sportler schaltet schon während des aktiven Abwärmens auf eine Stoffwechsellage um, die für Erholungsprozesse typisch ist; sie ist eng mit der Ausschüttung von Insulin gekoppelt und füllt die Glykogen- und Triglyceridspeicher in den Muskel-, Leber- und Fettzellen wieder auf; diese Umschaltung wird durch aktive Maßnahmen beschleunigt.
Die Planung des gesamten Lebensregimes, also über die direkt mit Training und Wettkampf in Verbindung stehenden Maßnahmen hinaus, erlangt im Leistungssport eine immer größere Bedeutung; sie dient der Gesunderhaltung und der positiven Leistungsprognose des Leistungssportlers (vgl. Tab. A 1–5 im Anhang).
Wird die Phase direkt vor und nach Training und Wettkampf nicht optimal genutzt, dann kommt es in der Nachbelastungsphase nur zu einer verminderten Anpassung an die gesetzten Trainingsreize. Das leistungssteigernde Potential der jeweiligen Trainingsinhalte wird vom Sportler nicht vollständig genutzt. Es besteht die Gefahr des Übertrainings, von Verletzungen und der Entstehung eines sich langsam entwikkelnden Sportschadens durch Fehl -und Überbelastungen.
Ab einer gewissen Mindestreizsetzung sowie einem Mindestreizumfang gewinnen spezielle, vor- und nachbereitende Maßnahmen an Bedeutung. Nach hochintensiven und stark gerichteten (einseitigen) Belastungen sind abwärmende Maßnahmen nicht nur allgemein, sondern spezifisch auf die vorangegangene Belastung bezogen zu planen und durchzuführen.
Durch konsequentes Nachbereiten wie im Beispiel rechts findet durch die Reflexion des Trainings und des Wettkampfes eine ebenfalls nicht zu unterschätzende psychophysische Entspannung statt. Die von Anspannung und Leistungsbereitschaft gekennzeichnete Erregungslage geht über in eine Phase der körperlichen und geistigen Erholung.

Das Auf- und Abwärmen stellt den überwiegend aktiven Teil der Vor- und Nachbereitung direkt vor und nach Training und Wettkampf dar. Maßnahmen der *passiven* Vor- und Nachbereitung von Training und Wettkampf sind in den Tabellen A 1–5 im Anhang aufgeführt (S. 183 ff).

BEISPIEL

ABWÄRMEN UND NACHBEREITEN IM HOCHLEISTUNGSSPORT: LEICHTATHLETIK 400-M-LAUF

Die hohe Übersäuerung der Muskulatur nach einem maximal schnellen 400-m-Lauf wird durch ein lockeres, erholsames Traben über einen Zeitraum von ca. 10–20 Minuten in ihrer Abbaurate positiv beeinflußt. Der Sportler erholt sich physisch und psychisch schneller, und die sportliche Belastung (400-m-Lauf) führt zu einer verbesserten Anpassung des Sportlers im Sinne einer Leistungssteigerung *(allgemeines Abwärmen)*.
An das Traben anschließend dehnt der Sportler seine zur Verkürzung neigende, hypertonisierte Muskulatur mit Formen des Stretchings, die geeignet sind, den muskulären Tonus zu senken *(spezielles und individuelles Abwärmen)*.
Bei sehr warmer Umgebungstemperatur kühlt der Sportler seine Arbeitsmuskulatur durch Eisabreibungen oder ein kühles Ganzkörperbad. Die Eisabreibungen können sich auch auf besonders gefährdete Stellen (Achillessehne, Kniescheibenband, rückwärtige Oberschenkelmuskulatur u. a.) individuell erstrecken.
Eine lockernde und entmüdende Massage mit tiefenwirksamen und rückflußfördernden Griffen, ob als Selbst- oder Fremdmassage, schließt sich an.
Außerdem ersetzt der Leichtathlet seine Flüssigkeitsverluste durch Elektrolyt-Mineralstoffgetränke mit Vitamingaben und füllt anschließend seine Kohlenhydratspeicher durch ein geeignetes, leicht verdauliches Essen auf.

Bedeutung des Auf- und Abwärmens für den Sportler

Während früher der Begriff des Aufwärmens überwiegend im Sinne der *Verletzungsvorbeugung* genannt wurde, ist inzwischen die *leistungssteigernde* Dimension des Auf- und Abwärmens immer mehr in den Vordergrund getreten, wobei das Abwärmen (Cool-down) erst in den letzten Jahren für den Sport auf unterer und mittlerer Leistungsebene ‹entdeckt› und in ersten Ansätzen mit dem Ziel systematisiert wurde, zu einer schnelleren und qualitativ hochwertigeren Erholung zu gelangen.

Konzentriert haben sich Sportwissenschaftler und Trainer in erster Linie auf die Wirkungen des Auf- und Abwärmens bezüglich des Herz-Kreislauf-Systems und der Muskulatur; nur wenige haben sich über diese sehr offensichtlichen Wirkungen hinaus mit den Wirkungen des Auf- und Abwärmens auf weitere, für den Sportler wichtige Funktionen befaßt.

Wenn dem Auf- und Abwärmen positive Wirkungen in bezug auf die kurzfristige Verletzungsvorsorge und die mittel- und langfristige Leistungsprognose im Sinne der Schadensverhütung zugeschrieben werden, dann müssen vom Auf- und Abwärmen auch diejenigen Faktoren positiv beeinflußt werden, die sich als vorzeitig die (Sport-)Karriere beendend erweisen. Im sportlichen Alltag stehen hierbei sicher nicht Herz-Kreislauf-Themen oder muskuläre Probleme im Vordergrund; vielmehr sind es häufiger Schäden an den Gelenken und alle mit den Gelenken in Verbindung stehenden Strukturen, der sogenannte passive Bewegungsapparat.

ZIELE UND INHALTE VORBEREITENDER, AUFWÄRMENDER, ABWÄRMENDER UND NACHBEREITENDER MASSNAHMEN
Vorbereitung (passiv – aktiv): **Erhalt und Ausbau der mittel- und langfristigen Leistungsperspektive** – Sportmethodische Maßnahmen (vgl. Tab. A 1, S. 183) – Sportmedizinische Maßnahmen (vgl. Tab. A 2, S. 184)
Aufwärmen (aktiv – passiv): **Zielorientiertes Aktivieren aller für die zu erbringende Leistung relevanten Faktoren** – Anregen und Einpegeln der Herz-Kreislauf-Tätigkeit – Anregen und Einpegeln des Muskelstoffwechsels – Anregen und Einpegeln der Wahrnehmungs- und (psychischen) Steuerungsmechanismen – Anregen und Einpegeln der neuronalen Steuerungsprozesse (Vorbereitung auf koordinativ betonte Beanspruchungen) – Anregen und Einpegeln des Stoffwechsels der passiven Strukturen des Bewegungsapparates (Vorbereitung auf mechanische Belastungen)
Hauptteil – (Training/Wettkampf)
Abwärmen (aktiv – passiv): **Zielorientiertes Rückführen aller ausgelenkten Funktionsmechanismen und Einpegeln regenerativer Mechanismen** – Optimierung und Einpegeln der trainings- und wettkampfbedingten Anpassungsprozesse – Kontrollierte Beruhigung der Herz-Kreislauf-Tätigkeit – Kontrollierte Beruhigung des Muskelstoffwechsels – Kontrolliertes Anregen des regenerativen Bindegewebsstoffwechsels – Kontrollierter Einsatz vagoton (beruhigend) wirksamer Maßnahmen
Nachbereitung (passiv – aktiv): **Erhalt und Ausbau der mittel- und langfristigen Leistungsperspektive** – Sportmethodische Maßnahmen (vgl. Tab. A 1, S. 183) – Sportmedizinische Maßnahmen (vgl. Tab. A 2, S. 184)

Tabelle 1

Hohe sportliche Leistungen bringen zwangsläufig starke Auslenkungen der energieliefernden und der energieverarbeitenden Systeme sowie eine beachtliche mechanische Belastung des passiven Bewegungsapparates mit sich. Der Sportler muß beachten, daß eine dialektische Einheit von sportlich-körperlicher Belastung und den Phasen der Wiederherstellung und Erholung besteht. Sportliche Belastung und die zeitlich folgende Wiederherstellung sind die zwei Seiten ein und desselben Prozesses (Gottschalk 1989). Im Bewußtsein der Sportler ist viel zu sehr der reine Leistungsgedanke, die erstrebte Spitzenleistung dominierend, weniger jedoch das Wissen um die *unbedingte* Voraussetzung des Vor- und Nachbereitens einer sportlichen Höchstleistung.

Das Ziel von Trainingsmaßnahmen ist im allgemeinen eine Leistungssteigerung. Die angestrebten Anpassungen treten jedoch erst im Ergebnis der Belastungsverarbeitung auf; dabei unterstützt ein auf die vorausgegangenen Belastungen abgestimmtes Abwärmen die folgenden Erholungs- und Anpassungsprozesse.

Die Belastungsverarbeitung stellt einen vierphasigen Prozeß dar:

1. Phase der funktionellen Auslenkung
2. Phase der Kompensation (Früh- und Spätphase)
3. Phase der Superkompensation
4. Phase des Rückschwingens auf das Ausgangsniveau bzw. auf ein neues (höheres) Niveau

Abb. 2: Belastungsverarbeitung des Organismus mit und ohne vor- und nachbereitende Maßnahmen (idealtypisch). Der Sportler, der vor- und nachbereitende Maßnahmen einsetzt, erholt sich schneller und qualitativ besser. Er ist früher wieder zu belasten und weist eine höhere Trainingseffektivität auf.

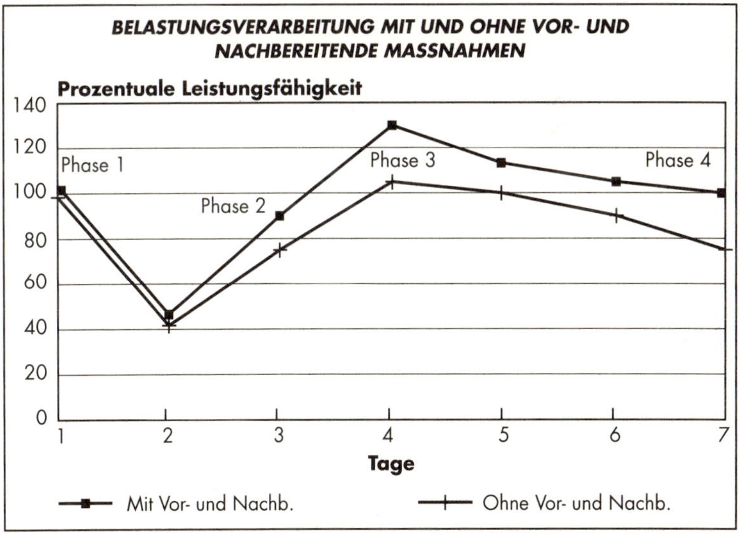

Das Abwärmen und folgend die Nachbereitung der sportlichen Belastung setzt am Ende der ersten Phase zur Einleitung der zweiten Phase ein. Es dient der quantitativen sowie qualitativen Verbesserung der dritten Phase. Das Abwärmen soll mittels aktiver und passiver Maßnahmen das ‹Rückschwingen› der ausgelenkten Funktionssysteme unterstützen (Phase zwei) sowie optimale Voraussetzungen für die nachfolgenden Anpassungen (Phase drei) schaffen.
Das Nachbereiten einer sportlichen Leistung betrifft die Phasen zwei und drei der Belastungsverarbeitung und ermöglicht eine positive Anpassung im Sinne einer Leistungssteigerung. In diesen beiden Phasen wird der Grundstein zur vollständigen Regeneration gelegt.
Die konsequente und fachkundige Nutzung dieser Phasen zeigt sich in einer schnelleren Erholung; die nächste Belastung kann früher (wieder-)eingegangen werden.

■ In erholtem Zustand eingegangene sportliche Belastungen führen zu einer weit besseren Anpassung. Die Trainierbarkeit und damit die sportliche Leistungsfähigkeit verbessern sich.

Wirkungen auf das Herz-Kreislauf-System und die Muskulatur

Das *Aufwärmen* beschreibt im engeren Sinne die gezielte Steigerung der Körpertemperatur; im weiteren Sinne die Vorbereitung aller wichtigen Funktionssysteme auf die künftigen Leistungsanforderungen.
Die Körperkerntemperatur des Menschen verfügt nur über eine schmale Toleranzbreite, von ca. 37 bis 41,5 °C (Badtke 1989). Die Körpertemperatur im Alltag liegt bei ca. 37 °C. Der Körper, der ca. 70 Prozent seines Stoffwechselgeschehens in die Aufrechterhaltung der Temperatur und nur ca. 30 Prozent in muskuläre Arbeit steckt, ‹brennt› bei 37 °C auf Sparflamme.
Zum Erbringen sportlicher Leistungen muß die Körpertemperatur erhöht werden. Die für die sportliche Leistung maßgeblichen *Enzymsysteme* haben bei einer Körperkerntemperatur von ca. 38,5 °C eine optimale Arbeitstemperatur. Enzyme sind Eiweißkörper, die den Stoffwechsel regeln; sie bestimmen im wesentlichen dessen Richtung und Ablaufgeschwindigkeit. «Beim Erreichen einer Optimaltemperatur laufen alle für die motorische Leistungsfähigkeit entscheidenden physiologischen Reaktionen mit dem günstigsten Wirkungsgrad ab» (Israel 1977, 387). Dabei folgen die Stoffwechselvorgänge der sogenannten Reaktions-Geschwindigkeits-Temperaturregel (RGT-Regel). «Mit jedem Grad Temperaturerhöhung ist ein Anstieg der Stoffwechselvorgänge um 13 % festzustellen» (Lullias 1973, 372; aus Weineck 1988, 451f).
Um eine Körpertemperaturerhöhung zu erzielen, müssen große Muskelmassen eingesetzt werden, um deren Wärmebildung zu nutzen. Die Herz- und Kreislauftätigkeit wird angeregt, und die zirkulierende Blutmenge wird durch Einbeziehung der Blutspeicher besonders aus dem Bereich der Verdauungsorgane (Magen-Darm-Trakt) erhöht. Die Sauerstoff- und Substratversorgung der Muskulatur wird mit der Durchblutungssteigerung optimiert. Es kommt zur Mehrdurchblutung der Muskulatur bis zum Sechsfachen des Ausgangswerts (Roth/Voss/Unvericht 1973, aus Weineck 1988). Erzielt wird die Mehrdurchblutung der Muskulatur durch das vermehrte Öffnen und Weitstellen der Kapillaren (kleinste Blutgefäße). Das Blut wird aus den weniger bean-

spruchten Regionen und den Blutspeichern (Leber, Milz) in die Arbeitsmuskulatur umverteilt.
Durch die Tatsache, daß zu den wesentlichen Aufgaben des Blutes die Wärmeleitung und der Transport gehören, betrifft das Aufwärmen über die Verteilfunktion des Blutes den gesamten, durchbluteten Anteil des Körpers. Die verbesserte Durchblutung ist gekoppelt mit einer Temperaturerhöhung und führt zu einer Abnahme der inneren Reibungswiderstände (Viskosität) in der Arbeitsmuskulatur. Infolge der beschriebenen Vorgänge nimmt die Leistungsfähigkeit der Muskulatur zu und deren Verletzungsanfälligkeit ab. *Hormonelle* Einflüsse spielen bei diesen regulativen Vorgängen eine große Rolle. Der Ausstoß von Katecholaminen (Adrenalin; Noradrenalin) sowie von Insulin und weiteren Hormonen steigt zu Beginn des Aufwärmens an.
Wird das Aufwärmen behutsam und langsam steigernd durchgeführt, dann sind mit Beginn des Hauptteils im Training bzw. mit Beginn des Wettkampfes alle Stoffwechselparameter schon auf *Leistung* eingepegelt; es entfällt der ‹tote Punkt› (vgl. S. 49) zu Beginn einer intensiveren Belastungsphase.
Die *Atemtätigkeit* des Sportlers paßt sich ebenfalls den erhöhten Ansprüchen an. Sie wird schneller (Atemfrequenz) und vertieft sich; es wird je Atemzug mehr Sauerstoff eingeatmet; die Verwertung des eingeatmeten Sauerstoffs nimmt zu.
Parallel zur Beschleunigung der Atmung und des Herzschlags findet eine Steigerung des *Blutdrucks* statt. Der systolische (obere) Wert steigt an; der diastolische (untere) Blutdruckwert verändert sich nur geringfügig. Die zunehmende Differenz zwischen beiden Werten erhöht die Blutflußgeschwindigkeit und damit die Versorgung der beanspruchten Muskulatur.
Denken Sie beim Aufwärmen nicht nur an ein ‹Einlaufen›, also die Beanspruchung großer Muskelgruppen über einen längeren Zeitraum vor einer Trainings- oder Wettkampfbeanspruchung. Ebenso wichtig für die spätere Leistung ist die *Tonisierung* der Muskulatur. Durch gezielt eingesetzte Übungen, die ausschließlich aus dem kräftigenden Übungsgut entliehen sind, wird die Muskulatur in ihrer Stoffwechseltätigkeit angeregt. Die Übungen sind jedoch von so kurzer Dauer (Wiederholzahl), daß eine echte Kräftigung mit einhergehendem muskulärem Wachstum ausbleibt. Würden die Übungen mit einem zu großen Umfang durchgeführt, dann wäre der Sportler schon vor dem Wettkampf ermüdet – und das ist nicht das Ziel des Aufwärmens. Tonisieren Sie

Ihre Muskulatur gezielt (Übungen KT 1–KT 34) und durch kurze, intensive Reize. Die tonisierenden Trainingsreize folgen *nach* dem allgemeinen Aufwärmen und den Dehnungen.
In der Sportpraxis hat sich eine rund zehnminütige Phase der Beanspruchung großer Muskelmassen zum ersten Aufwärmen bewährt. Ca. 1/6 bis 1/7 der gesamten Muskulatur soll in die Bewegungsabläufe durch entsprechende Belastungsformen wie Laufen, Fahrradfahren, Schwimmen oder Formen der Ganzkörpergymnastik miteinbezogen werden. Achten Sie darauf, daß Sie den Beginn des Aufwärmens mit einer niederen bis mittleren Intensität durchführen. Das allgemeine Aufwärmen soll einerseits die vorgenannten Regulationsmechanismen des Herz-Kreislauf-Systems und der Muskulatur in Gang setzen, andererseits Ihre Leistungsreserven durch zu hohe Intensitäten nicht vorzeitig in Anspruch nehmen. Eigene Untersuchungen in den Sportarten Handball, Fußball und in Fitneßstudios haben ergeben, daß das Aufwärmen meist zu kurz und viel zu intensiv durchgeführt wurde. Schon zu Beginn des Aufwärmens wurden Pulsfrequenzen von 160 bis 195 Schlägen erreicht (vgl. Abb. 3).

Abb. 3: Fitneßsportler in einem Krafttrainingsstudio. Er bereitet sich auf das folgende Krafttraining durch Fahrradfahren vor; die Intensität ist viel zu hoch gewählt (Unilife-Pulsfrequenzerfassung).

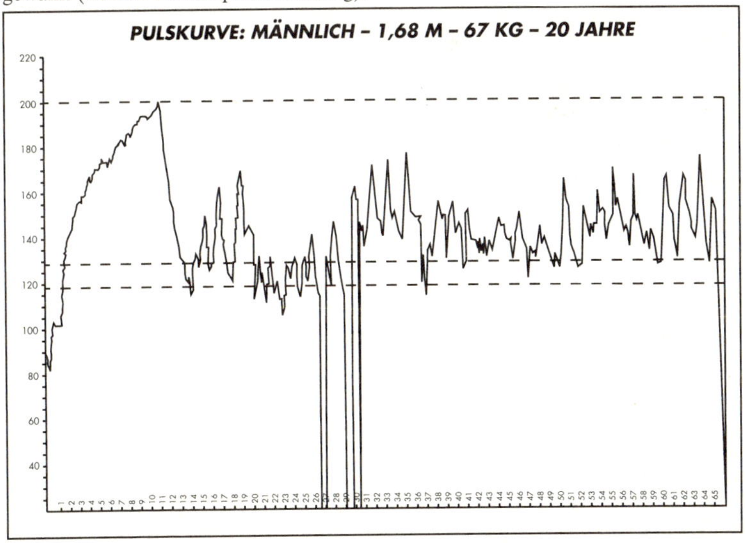

Das *Abwärmen* beschreibt im engeren Sinne die Rückführung der Körpertemperatur auf den Ruheausgangswert, im weiteren Sinne die kontrollierte Beruhigung aller durch die sportliche Tätigkeit verursachten, kurzfristig reversiblen (wieder umkehrbaren) Auslenkungen.

Wie aus Abb. 5 zu ersehen ist, bildet sich die Körperkerntemperatur nach einer längerdauernden sportlichen Belastung (Radrennen) anfangs recht schnell zurück, um sich folgend langsamer dem Ausgangswert zu nähern. Das ist die Folge einer Umverteilung des Blutes in die Hautgefäße, «... das erhitzte Blut wird unter die Haut geleitet, denn allein über die Körperoberfläche kann eine Abgabe der Wärme an die Umgebung stattfinden. Das Blut wird in der Haut gekühlt» (Badtke 1989, 310).

Die Umverteilung des Blutes in die Hautareale hat auch Nachteile. Wenn Sie sich beispielsweise nach einer intensiven sportlichen Leistung nicht ‹abwärmen›, sondern sich hinsetzen oder -legen, dann fällt eben durch diese Blutumverteilung Ihre Körperkerntemperatur schneller ab, als wenn Sie sich noch locker mit geringer Intensität weiterbewegen. Indem Sie Ihre Herz-Kreislauf- und Muskelfunktionen nicht sofort ‹in den Keller fallen lassen›, sondern sich durch ganzkörperliche Belastun-

Abb. 4: Schematisierte Isothermen bei Außentemperaturen von 20 °C und 35 °C (mod. nach Aschoff 1971, 56) nach Maehl, O., Höhnke, O.: 1988, 154

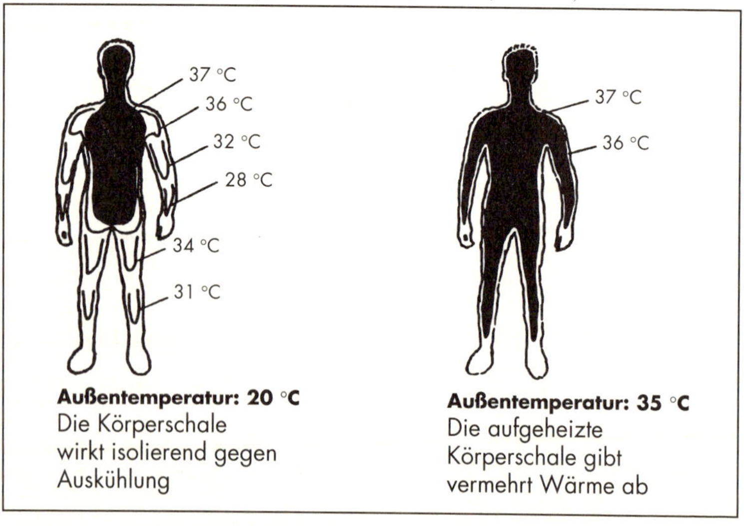

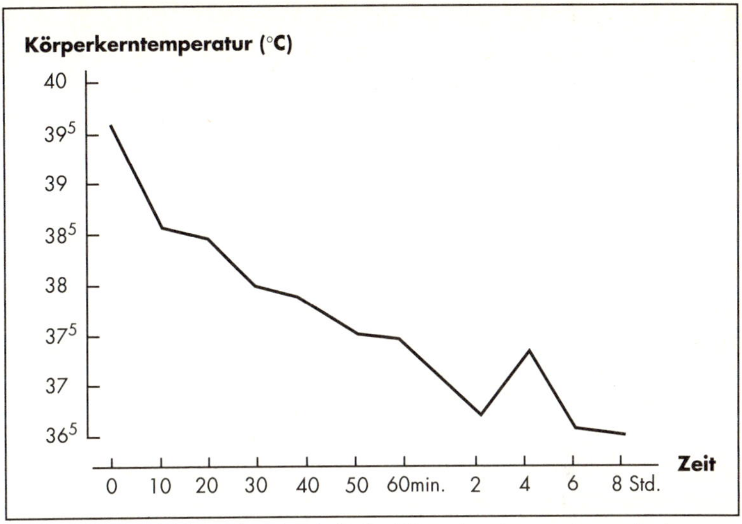

Abb. 5: Die Rückbildungscharakteristik der Körperkerntemperatur nach einem Radrennen (nach Badtke 1989, 310)

gen langsam abwärmen, verbuchen Sie Vorteile. Sie verlangsamen die Blutumverteilung in die Bezirke nahe der Körperoberfläche und verlangsamen dadurch den Temperaturabfall in den zentralen Bereichen; die Arbeitsmuskulatur wird weiterhin, wenn auch verringert, gut durchblutet. Sie hält eine erhöhte Temperatur noch für einige Zeit aufrecht bzw. verlangsamt den Temperaturabfall. Der Vorteil liegt in der Ausschwemmung der sauren Stoffwechselzwischenprodukte aus den Muskelzellen sowie in der Aufrechterhaltung einer günstigen Arbeitstemperatur der Enzymsysteme, die für optimale Arbeitsgeschwindigkeiten eine leicht erhöhte Temperatur von ca. 38–39 °C benötigen. Stoffwechselprodukte werden somit schneller abgebaut und abtransportiert; benötigte Stoffe werden schneller herbeigeschafft. Die Sofortregeneration nach sportlicher Belastung ist sowohl quantitativ als auch qualitativ verbessert.

Eigene Untersuchungen (Freiwald 1990) haben gezeigt, daß ebenso wie das Aufwärmen auch das Abwärmen häufig mit zu hoher Intensität durchgeführt wird (vgl. S. 50f); es sind geringe Intensitäten während des Abwärmens anzustreben.

Als *passive* Maßnahme hat sich besonders das warme Bad (39–41 °C) bewährt. Im Gegensatz zum Saunagang ist beim warmen Bad keine Temperaturregulation durch vermehrte Schweißabgabe möglich; die Muskeltemperatur wird erhöht, die Durchblutung gefördert. Neben den physiologischen Wirkungen wirkt das warme Bad entspannend; der Sportler kommt ‹runter› und empfindet nach dem Bad eine wohlige Müdigkeit, die durch beruhigende Badezusätze noch verstärkt werden kann. Wenn keine Möglichkeit des Badens besteht, kann auch die warme Dusche gute Dienste leisten. Unter der Dusche sind Dehnübungen mit den bekannten, muskeltonussenkenden Wirkungen gut möglich.

Wirkungen auf die nervösen Systeme (Koordination und Technik)

Das angemessene Aufwärmen hat einen positiven Einfluß auf das nervöse System und damit auf die gesamte sportliche Leistung, denn vom nervösen System hängt die technische Meisterschaft (Koordination) innerhalb einer Sportart ab. Die Erhöhung der Körpertemperatur setzt die Empfindlichkeit der Sinnesrezeptoren herab und beschleunigt die Weiterleitung der nervalen Impulse. Körperliche Empfindungen (Sinneswahrnehmungen) werden sensibler wahrgenommen und schneller weitergeleitet. Obwohl diese Tatsachen schon seit langem bekannt sind, blieben die damit verbundenen positiven Wirkungen auf die motorischen Lernprozesse in der Sportpraxis lange Zeit fast unbeachtet. Spezifische Reflexe und die technisch korrekten Bewegungsabläufe müssen in den jeweiligen Sportarten zu Beginn des Trainings und Wettkampfes ‹eingespielt› werden. Mit fortschreitendem Aufwärmen wird das Wahrnehmen und Reagieren optimiert. Damit dieses Ziel erreicht wird, müssen die Bewegungsabläufe in ihren räumlichen und zeitlichen Verläufen der bevorstehenden Tätigkeit ähneln oder entsprechen (vgl. Kuntoff/Darwish 1975, 5). In die Tat umgesetzt, bedeutet das die Präferenz des spezifischen Aufwärmens.

Untersuchungen haben gezeigt, daß spezielles Aufwärmen, also auf die Sportart bezogenes Aufwärmen, die nachfolgenden Leistungen positiv beeinflußt (De Vries 1959; Jensen 1969; Villwock 1985 u. a.). Unspezifisches, nicht disziplinbezogenes Aufwärmen besitzt dagegen eine geringere Wirkung. Die nachgewiesenen Leistungsverbesserungen nach einem disziplinspezifischen Aufwärmen lassen sich in den technisch betonten Sportarten in erster Linie auf nervöse (koordinative) Anpassungen zurückführen. Besonders vor technisch anspruchsvollen Trainings- und Wettkampfinhalten ist auf ein dementsprechend geplantes und durchgeführtes Aufwärmen zu achten.

Im Rahmen eines Aufwärmprogramms müssen alle spezifischen Bewegungsabläufe, die für die jeweilige Sportart typisch sind, durchgeführt werden. Nur so kann während des Trainings bzw. Wettkampfs das individuell optimale technische Leistungsvermögen erreicht werden.

Zu diesen positiven Wirkungen trägt ebenfalls die *Tonisierung* der Muskulatur bei. Durch ein Anregen der nervösen Prozesse wird die Muskulatur tonisiert; es wird eine Erhöhung des Spannungszustands der späteren Arbeitsmuskulatur erzielt. Die Muskel- und Sehnenreflexe sind mit Beginn der sportlichen Tätigkeit eingespielt, der Muskel kontrahiert schneller und ist damit leistungsfähiger und verletzungsunanfälliger als ein unvorbereiteter Muskel, der nur ‹gestretcht› wurde und dann (im schlimmsten Falle) schnellkräftigen oder unvorhersehbaren (Spielsportarten) Belastungen ausgesetzt wird.
Bei den zum Einsatz kommenden Übungen (vgl. KT 1–KT 24) sollte auf einen möglichst nahen Bezug zur späteren sportlichen Tätigkeit (spezielles Aufwärmen) sowie zur durchführenden Person (individuelles Aufwärmen) geachtet werden. Ein Sprinter tonisiert vor dem Wettkampf bewußt seine Beinbeuger und seine gesamte Beinstreckschlinge, während der Handballer ein verstärktes Augenmerk auf seine Arm- und Schultermuskulatur legen wird.

Beim *Abwärmen* ist darauf zu achten, daß z. B. eine intensive ‹Lernstunde› zur Entwicklung technisch-koordinativer Fähigkeiten nicht durch andere, dem Hauptinhalt entgegengesetzte Inhalte abgeschlossen wird. Die Lerneffekte können vermindert werden, postmentale Erregungen werden unterdrückt. Wenn z. B. im Basketballtraining der Hauptinhalt des technisch orientierten Trainings das beidhändige Dribbling war, dann ist es für den Behaltenseffekt ungünstig, das Training mit der intensiven Schulung von Korbwürfen zu beenden. Einsetzende Behaltenseffekte werden durch das Training abschließende Inhalte, die sich in ihren räumlich-zeitlichen und dynamischen Merkmalen kaum unterscheiden oder völlig entgegengesetzt sind, vermindert; das Training wird nicht effektiv sein.

Wirkungen auf die Psyche

Eigentlich ist die Überschrift nicht ganz richtig, denn es könnte genausogut heißen: Der Einfluß der Psyche auf den Prozeß des Aufwärmens. In der Krankengymnastik sind schon viele Jahre spezielle Techniken (z. B. Progressive Muskelrelaxation) bekannt, die über ein gekoppeltes Programm von körperlichen Übungen und geistiger Entspannung eine muskuläre Tonussenkung herbeiführen (Jacobson 1938). Diese Technik ist nur *ein* gutes Beispiel für die enge Beziehung von psychischer und physischer An- und Entspannung.

Es gibt Situationen, die Sie sicher auch kennen: Man kommt nicht ‹auf Touren›, an manchen Tagen ‹geht rein gar nichts›. In solchen Situationen scheinen unter anderem Streß und mit dem Streß gekoppelte veränderte hormonelle Bedingungen eine Rolle zu spielen, das Aufwärmen muß auch die psychischen Randbedingungen berücksichtigen. Das Aufwärmen soll zu einer psychischen Aktiviertheit führen, zu einem Zustand der Wachheit. Wenn dieser Zustand erreicht ist, dann ist der Sportler bereit und in der Lage zu lernen, zu üben und Leistung zu erbringen (vgl. Schönpflug 1971, aus Zieschang 1980). Die Leistung erreicht dann ein Maximum, wenn ein mittlerer psychischer Aktiviertheitsgrad besteht. An dieser Stelle wird deutlich, daß das Aufwärmen nicht nur aus körperlicher Tätigkeit bestehen kann. Das Motivieren, ob sich selbst oder durch einen Trainer, gehört ebenso dazu wie bei besonders ‹aufgeregten› Sportlern voller Startfieber das gezielte und dosierte Beruhigen.

«Die *allgemeine Aktivierung* bewirkt eine Gewöhnung an die Lernsituation, fördert die Einstellung und weckt die Arbeitsbereitschaft. Die *spezifische Aktivierung* verfolgt das gleiche Ziel, ist aber an die Konstellation, die Struktur der Aufgabe, gebunden, die gelernt werden soll» (Janssen/Wittmer 1970, Hervorhebungen durch den Verfasser). Besonders bei koordinativ anspruchsvollen Sportarten bzw. vor Beginn der Schulung technischer Inhalte ist ein spezifisches Aufwärmen und Einstimmen auf die kommenden Anforderungen von größter Wichtigkeit. Es dient der Verbesserung der speziellen Leistungsbereitschaft, das ‹Lernsystem› wird reaktiviert (van Pareren 1972, aus Zieschang

1980), der Sportler lernt besser und schneller, und die Leistung in Training und Wettkampf wird nach einem solchen spezifischen Aufwärmen positiv beeinflußt.
Bei Wettkämpfen kommen noch einige besonders auf die Psyche wirkende Faktoren hinzu. Der Sportler muß sich mit dem Wettkampfort, der Wettkampfstätte, mit der Ausrüstung, seinen Gedanken und Gefühlen auseinandersetzen. Ebenso befaßt sich der Sportler mit seinen Partnern, seinen Mannschaftskollegen und mit seinen Gegnern. Die *geistige* Auseinandersetzung mit der künftigen Leistungsanforderung vor dem Wettkampf beeinflußt ebenfalls die Leistung des Sportlers im Wettkampf.

■ Der Sportler muß sich frei machen von Ablenkungen. Nun kann er sich auf die kommende Aufgabe konzentrieren. Es folgt das mentale Einstimmen, das Erzeugen von positiven Gefühlen und Assoziationen. Er muß sich bewußt werden, daß er diesen Sport gerne macht, daß er heute, jetzt und hier gerne ist und daß er seine realistisch gesetzten Ziele erreichen kann und erreichen wird. Er stellt sich Situationen im Wettkampf vor, die er positiv bewältigt; Mißerfolge sind im Denken nicht zugelassen.

In der sportlichen Praxis, in der Betreuung von Sportlern, kann man häufig erleben, daß Sportler zu negativ eingestellt sind. «Das kann ich nicht» … «der Gegner ist zu stark» … und andere negative Vorstellungen schaffen eine subjektive Realität, der sich die objektive Realität fast unweigerlich anpaßt. Wenn Sie als Trainer oder Athlet solche Einstellungen entwickeln, dann sollten Sie schleunigst gegensteuern, um nicht ‹negativ motiviert› zu sein und dadurch Ihre volle Wettkampfleistung niemals voll ausnutzen zu können (vgl. z. B. Syer/Connolly 1988).

Wirkungen auf das Kapsel-, Band-, Sehnen- und Knorpelgewebe sowie auf die Gelenkfunktionen

Beim *Aufwärmen* spielt für die Bindegewebe die planmäßige Erhöhung der Körpertemperatur eine bedeutende Rolle. Die schon beim Herz-Kreislauf-System feststellbare Trägheit, die für jedes biologische Regulationssystem typisch ist, ist beim Bindegewebe noch ausgeprägter. Das zeigt sich in der langsameren Umstellung vom Ruhezustand auf einen Belastungszustand, der dadurch gekennzeichnet ist, daß höhere mechanische Belastungen toleriert werden. Erst bei einer Temperatur von 39–40 °C ist eine optimale Zunahme der Elastizität und Plastizität der kollagenen Fasern zu erwarten (Peterson/Renström 1987), was für alle Formen des Dehnens, aber auch für sonstige mechanische Belastungen eine große Rolle spielt.

Bei jeder sportlichen Belastung unterliegen die Gelenke, und hier besonders der gelenküberziehende Knorpel, und die Wirbelsäule, hier besonders die bindegewebigen Bandscheiben sowie die kleinen Wirbelgelenke, hohen Belastungen. Der Sportler muß wissen, daß das Vorbereiten des Knorpels auf die folgenden mechanischen Belastungen durch die geringere Stoffwechselgeschwindigkeit des Knorpels länger dauert als das Vorbereiten der Muskulatur. Bindegewebe, aus denen der gelenküberziehende Knorpel (hyaliner Knorpel) und die Bandscheiben (Faserknorpel) bestehen, werden im Erwachsenenalter fast ausschließlich durch Diffusion ernährt.

Die Gelenkflüssigkeit (-schmiere), die sogenannte Synovialflüssigkeit, wird in der jedes Gelenk umspannenden Kapsel, und zwar von der zarten Innenhaut, gebildet. Erst wenn das Gelenk über einen Mindestzeitraum (> 5 Minuten) bewegt worden ist, wird vermehrt die knorpelernährende Gelenkflüssigkeit gebildet, der gesamte Gelenkstoffwechsel kommt in Gang. Um das Ziel der Verbesserung und Vorbereitung des Gelenkstoffwechsels auf die künftige Belastung zu erreichen, werden intermittierende, wechselnde Belastungen, wie sie beim Fahrradfahren, Laufen oder der Ganzkörpergymnastik vorkommen, eingesetzt.

Stellen Sie sich einen nassen Schwamm vor, in den bei Entlastung Wasser einströmt und beim Zusammendrücken wieder ausströmt. Ständig wechselnde Be- und Entlastung durchsaftet das Bindegewebe (Knorpelgewebe); es wird gut ernährt. Punktueller, statischer Druck (vgl. Abb. 6) zerstört mit der Zeit das Knorpelgewebe. Übungen wie in Abb. 7 gezeigt eignen sich keinesfalls zum Aufwärmen; aber auch außerhalb des Aufwärmprogramms stellt sich die Frage nach Sinn und Zweck solcher knorpelbelastenden Übungen. Ebenfalls zu streichen sind Übungen in extremen Gelenkwinkelstellungen

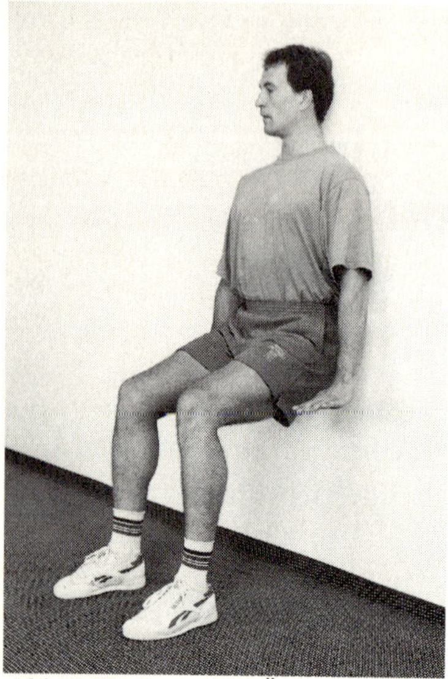

Abb. 6: Werden solche Übungen mit statischer, punktuell auf den Knorpel wirkender Belastung im Rahmen des Aufwärmens durchgeführt, ist der Knorpelschaden im Kniegelenk schon absehbar.

Abb. 7: Übungen in extremen und muskulär kaum zu kontrollierenden Gelenkwinkelstellungen («Kosakentanz») zerstören auf Dauer die Gelenksbestandteile (Knorpel, Menisken, Bänder und Kapseln).

wie «Entengang» oder «Kosakentanz». Solche und ähnliche Übungen stellen eine fast sichere Methode zur mittel- und langfristigen Zerstörung des Knorpels und sonstiger bindegewebiger Anteile in den Kniegelenken dar.

Integrieren Sie in Ihr Aufwärmprogramm Übungen, die den Knorpel der Gelenke und der Bandscheiben positiv stimulieren. Fahrradfahren wirkt sich sehr günstig auf das Kapsel-, Band-, Sehnen- und Knorpelgewebe der Hüft-, Knie- und Sprunggelenke aus. Laufbewegungen beziehen fast alle Gelenke in den Bewegungsablauf mit ein und wirken damit sehr positiv.

Negativ zu bewerten ist dagegen das in den Fitneßstudios oft zu beobachtende Aufwärmen auf dem Fahrradergometer, ohne anschließend spezifische Bewegungen durchzuführen, die auch die Wirbelsäule und den Oberkörper mit den Schulter-, Arm- und Handgelenken miteinbeziehen. Wenn sich nun Übungen wie z. B. Bankdrücken anschließen, dann sind Schädigungen bzw. Fehl- und Überlastungserscheinungen an den bisher nicht in den Bewegungsablauf einbezogenen Gelenken zu erwarten. Im Interesse der Prophylaxe sollten nach dem Fahrradfahren einige Übungen in das Programm aufgenommen werden, die die später stark beanspruchten Schulter-, Arm- und Handgelenke auf die künftige Belastung vorbereiten.

Abb. 8: Spezielle Bewegungsabläufe wie z. B. Bankdrücken können nicht allein durch Fahrradfahren vorbereitet werden.

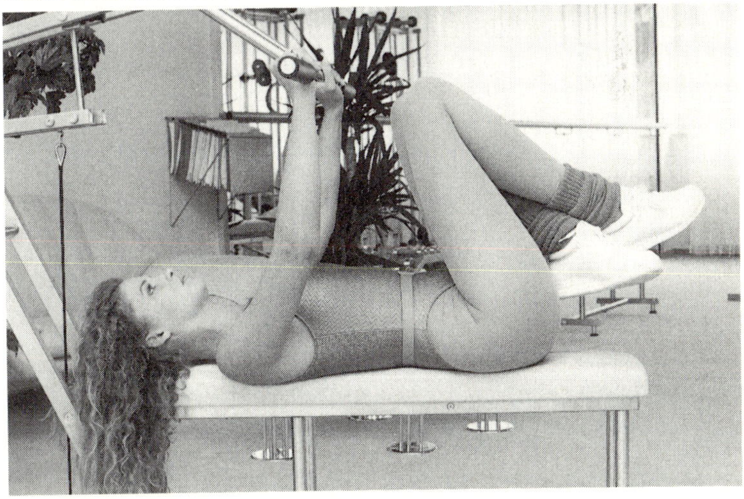

Im Rahmen des *Abwärmens* sollte dem gelenküberziehenden Knorpel und den Bandscheiben gezielt eine mehrminütige Entlastung verschafft werden. Die Entlastung kann schon durch eine entsprechende Position geschehen (vgl. Abb. 9).
Es empfehlen sich Maßnahmen, durch die die Flüssigkeitsaufnahme der Bindegewebsanteile bewirkt und beschleunigt wird. Die inhaltlichen Maßnahmen des Abwärmens ähneln im *aktiven* Bereich denen des Aufwärmens. Intensitätsgemindertes Durchbewegen aller Gelenke bewirkt einen verstärkten Gelenkstoffwechsel mit all seinen positiven Folgen wie den beschleunigten Abtransport von Stoffwechselzwischen- und -endprodukten. Nach sehr starken Gelenkbelastungen bietet sich im *passiven* Bereich des Abwärmens neben der gezielten Einnahme von entlastenden Körperhaltungen (vgl. Abb. 9) besonders der Einsatz des Saunabads an, das einen äußerst positiven Einfluß auf den regenerativen Gelenkstoffwechsel hat (vgl. Scheibe, L., et al. 1988). Diese (trainingsmethodischen) Maßnahmen sind ganz besonders im Sinne der langfristigen, positiven Leistungsprognose wirksam, tragen zur Verhütung von Spätschäden an den Gelenken und der Wirbelsäule bei und eröffnen mittel- und langfristig eine positivere Leistungsprognose.

Abb. 9: Entlastungshaltung für die Lendenwirbelsäule, besonders einzusetzen nach Trainingsübungen, die die Lendenwirbelsäule besonders beanspruchen, wie verschiedene Sprungformen, Langhanteltraining u. a.

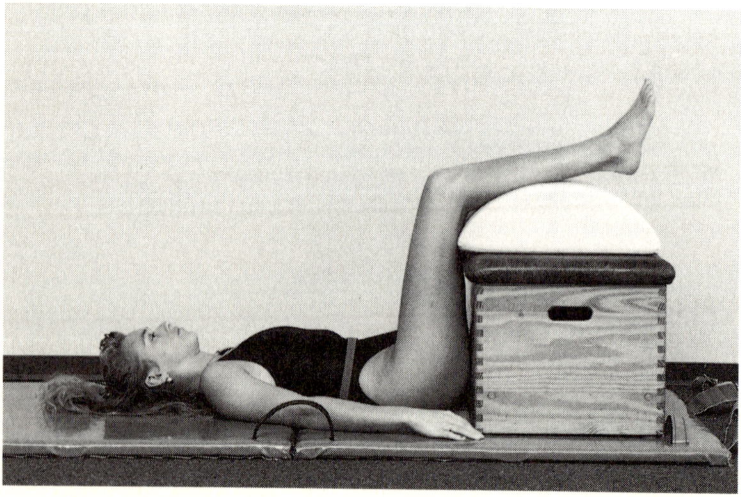

FUNKTIONEN UND WIRKUNGEN DES AUF- UND ABWÄRMENS AUF EINEN BLICK

Herz-Kreislauf-System – Aufwärmen

- Anstieg der Herzfrequenz
- Regulation des Blutdrucks
- Regulation des Gefäßtonus im Zusammenspiel mit hormonellen Einflußfaktoren
- Erhöhung der Sauerstoffaufnahme und Kohlendioxidabgabe durch die Erhöhung von Atemminutenvolumen und Herzminutenvolumen
- Steigerung der (Muskel-)Durchblutung durch Öffnung der Kapillaren (kleinste Blutgefäße)
- Engstellung der Gefäße in der nicht an der Arbeit beteiligten Muskulatur und Organen (z. B. Magen-Darm-Trakt; Sexualorgane)
- Verbesserte Energie- und Sauerstoffversorgung (Erhöhung der Stoffwechselkapazität)
- Vermehrte Ausschüttung von bestimmten, für die Leistungsfähigkeit wichtigen Hormonen (u. a. Glukagon, Wachstumshormone, Adrenaline u. a.)

Herz-Kreislauf-System – Abwärmen

- Beruhigung und kontrollierte Rückführung aller auf Leistung eingestellten Parameter

Muskulatur – Aufwärmen

- Erhöhung der Muskel- und Körperkerntemperatur
- Steigerung der (Muskel-)Durchblutung durch Öffnung der Kapillaren (kleinste Blutgefäße)
- Intensivierung des Stoffwechsels durch eine verbesserte Versorgung der Muskulatur mit Sauerstoff und Nährstoffen
- Verminderung elastischer und visköser Widerstände in der Muskulatur durch die erzielte Temperaturerhöhung
- Erhöhte Kontraktionsgeschwindigkeit
- Sensibilisierung der Muskelspindelaktivitäten
- Optimierung des muskulären Tonus (Spannungszustand der Muskulatur)
- Verringerte Verletzungsanfälligkeit

Muskulatur – Abwärmen

- Beruhigung und kontrollierte Rückführung aller auf Leistung eingestellten Parameter
- Beschleunigter Abtransport von Stoffwechselzwischen- und -endprodukten
- Beschleunigte Einleitung regenerativer Stoffwechselprozesse (anabole Stoffwechsellage)

Kapsel-Band-Sehnen-Knorpel-System – Aufwärmen
- Vorbereitung der Kapseln, Bänder und Sehnen auf mechanische Belastung
- Verdickung des gelenküberziehenden Knorpels; einwirkende Kräfte werden auf eine größere Auflagefläche verteilt und durch die zunehmende Elastizität (Wasserbindung) besser abgepuffert
- Verbesserte Ernährungs- und Belastungsbedingungen werden geschaffen

Kapsel-Band-Sehnen-Knorpel-System – Abwärmen
- Ausschwemmen von Stoffwechselprodukten (Belastungsstoffwechsel) aus den Gelenkräumen
- Schaffung günstiger Bedingungen zur Gelenksregeneration (Flüssigkeitseinstrom in die Knorpelgewebe z. B. durch die gezielte Einnahme von Entlastungshaltungen)

Nervöses System – Aufwärmen
- Mit steigender Körpertemperatur laufen alle nervösen Vorgänge schneller ab (Wahrnehmungs- und Weiterleitungsgeschwindigkeit)
- Verbesserung des koordinativen Leistungsvermögens (Reaktivierung des Lernsystems); der Sportler ‹lernt leichter›
- Erhöhung der Reaktionsfähigkeit
- Verbesserte Koordination

Nervöses System – Abwärmen
- Beruhigung und kontrollierte Rückführung aller auf Leistung eingestellten Parameter
- Aufrechterhalten der spezifischen, nervösen Erregungen des Techniktrainings

Psychisches System – Aufwärmen
- Einstimmen auf das Training, auf den Wettkampf
- Regulation des Startfiebers (Vorstartzustand), der psychischen Erregungs- und Hemmungszustände

Psychisches System – Abwärmen
- Beruhigung und kontrollierte Rückführung aller auf Leistung eingestellten Parameter
- Aufrechterhalten der postmentalen Erregungen des Techniktrainings
- Geistige Auseinandersetzung und Verarbeitung des Trainings bzw. Wettkampfes

Tabelle 2

Randbedingungen des Auf- und Abwärmens

Externe Faktoren

Das Aufwärmen des Sportlers ist u. a. auch von der Gewöhnung an äußere Faktoren wie die Sportanlage, Orts- und Platzverhältnisse sowie vom Zustand der Sportgeräte abhängig. Eine ebensowenig zu unterschätzende Rolle spielen die Zuschauer. Ist es eine Veranstaltung vor heimischem Publikum oder eine auswärtige Veranstaltung? Sind die Zuschauer aggressiv, oder peitschen sie bei einem Heimspiel die eigene Mannschaft auf? Vom Zuschauerverhalten werden psychische Reaktionen stimuliert, die über die Ausscheidung verschiedener leistungsbeeinflussender Hormone (u. a. Adrenaline, Noradrenaline) das Aufwärmen in seiner Qualität mitbestimmen. Um sich ausreichend an die äußeren Gegebenheiten gewöhnen zu können, ist es ratsam, immer etwas früher als unbedingt notwendig zum Trainings- und Wettkampfort zu kommen.

Trainingszustand

Je besser der Trainingszustand des Sportlers, desto mehr Zeit wird die Aufwärmphase in Anspruch nehmen, um alle physiologischen Parameter auf die kommenden Leistungsanforderungen einzustellen. Leistungs- und Hochleistungssportler benötigen bis zu einer Stunde reine Vorbereitungs- und Aufwärmzeit, in einigen Disziplinen sogar länger. Weniger trainierte Athleten benötigen eine kürzere Aufwärmzeit; sie sollte jedoch zwanzig Minuten grundsätzlich nicht unterschreiten.

Alter

Je älter ein Sportler ist, desto langsamer und behutsamer hat das Aufwärmen zu erfolgen. Die Schnelligkeit der Regulation (Einpegeln auf Leistung) ist bei älteren Sportlern eingeschränkt, die Erhöhung der Stoffwechselgeschwindigkeit als Voraussetzung zur Leistung erfolgt langsamer. Gerade beim älteren Sportler nimmt das Maß an *individueller* Aufwärmarbeit zu. Der ältere Sportler muß dabei seine allgemeine körperliche Verfassung berücksichtigen sowie auch eventuelle Vorschädigungen und sonstige Leistungseinschränkungen.

Aufwärmen und Tageszeit

Am frühen Morgen ist gegenüber der Mittagszeit eine verlängerte Aufwärmzeit vonnöten. Ein Optimum der Körperkerntemperatur ist gegen 15.00 Uhr erreicht, sie folgt einem 24-Stunden-Rhythmus (vgl. Abb. 10). Aus eigenen Erfahrungen weiß jeder Sportler, daß das Aufwärmen am frühen Morgen länger dauert als gegen Abend, wo die Körpertemperatur durch die über den gesamten Tag hinweg geleisteten Aktivitäten schon erhöht ist. Schwankungen der physiologischen Leistungsbereitschaft im Verlauf des Tages besitzen ebenso eine Bedeutung. Jeder Sportler kennt aus eigener Erfahrung das ‹Leistungsloch› am frühen Nachmittag (vgl. Abb. 11).

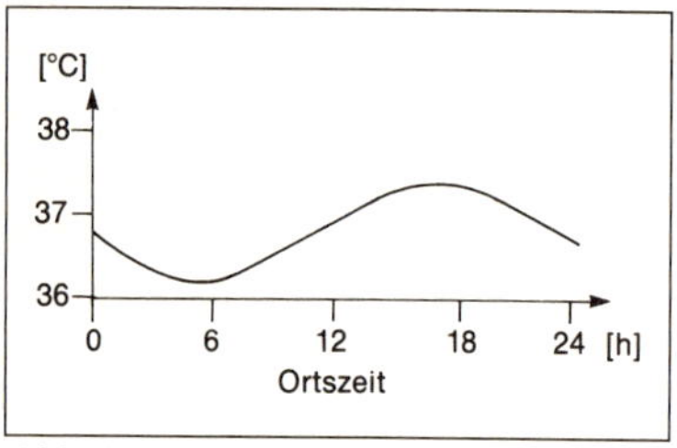

Abb. 10: Die Körpertemperatur des Menschen im tagesperiodischen Verlauf (nach Keidel, 1979, 9.3.) aus Weineck, J.: Sportbiologie 1988, 436.

Abb. 11: Prozentuale Schwankungen der physiologischen Leistungsbereitschaft über 24 Stunden (Schmidtke 1965) aus Weineck, J.: Sportbiologie 1988, 437.

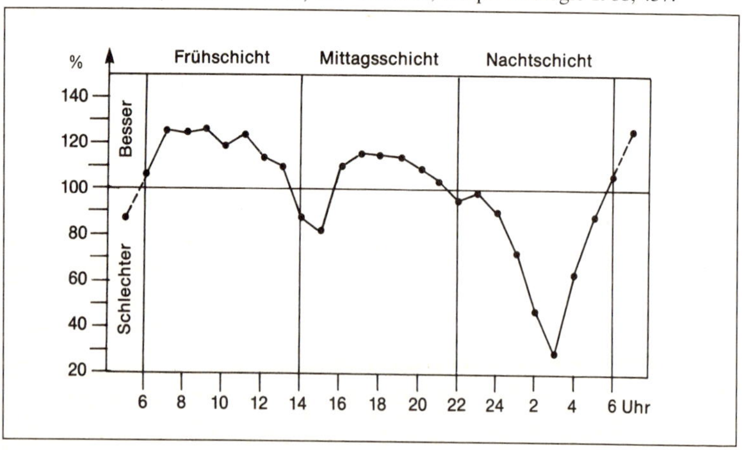

Da die Erhöhung der Körperkerntemperatur zu den Zielen des Aufwärmens gehört, trägt eine hohe Außentemperatur dazu bei, die Aufwärmzeit zu verkürzen. Kein Verständnis findet die Angewohnheit mancher Trainer, die Sportler aus Gründen der Abhärtung im Winter in kurzen Hosen und nur spärlich bekleidet sich aufwärmen zu lassen, zumal diese Maßnahme keinerlei physiologisch begründbaren Hintergrund hat und es nachvollziehbar schwer ist, unter solchen Bedingungen auf ‹Betriebstemperatur› zu kommen.
Schaut man zu den Leichtathleten, dann kann man erkennen, daß z. B. Hoch- und Weitspringer, Sprinter und andere erst kurz vor dem Wettkampf ihre Kleidung ablegen und sich anschließend sofort wieder anziehen, um die Körpertemperatur zu halten und damit optimale Voraussetzungen für sportliche Höchstleistungen zu schaffen bei gleichzeitigem maximalem Schutz vor Verletzungen.

Einstellung und Vorstartzustand

Das Aufwärmen hat sich den psychologischen Bedingungen des Sportlers anzupassen. Die Einstellung des Sportlers beeinflußt wesentlich die Dauer und den Effekt des Aufwärmens. Der Vorstartzustand stellt im Leistungssport eine positive und gewollte Streßsituation dar und ist stark abhängig von der Motivation des Sportlers. Er kann vom Trainer verstärkt oder abgeschwächt werden.
Wenn der folgende Wettkampf vom Sportler als besonders wichtig eingestuft wird, dann ändert sich der Vorstartzustand. Es finden zeitlich begrenzte Veränderungen in der Hormonsekretion statt. Die Ausschüttung solcher Hormone (Noradrenalin, Adrenalin, Glukagon u. a.) fördert die Umstellung vom Ruhe- auf den Arbeitsstoffwechsel; der Vorstartzustand und die damit verbundene Erregung des Sportlers haben Einfluß auf den muskulären Tonus (Spannungszustand der Muskulatur) und die Eng- bzw. Weitstellung der Blutgefäße (vgl. Tab. 3 auf Seite 46f).
Ob ein Sportler grundsätzlich zu einer mehr sympathikotonen (aktiveren) oder vagotonen (gedämpfteren) Erregungslage tendiert, ist auch vom ‹Typ› des Sportlers, seiner Anlage (Vererbung), abhängig.

Typbedingtheit

Es gibt sogenannte Langsamstarter, Sportler, die nur sehr langsam in Schwung kommen. Das Aufwärmen muß bei diesen Sportlern mehr anregend und motivierend gestaltet werden. Es dauert länger, und es kommen intensivere Beanspruchungen zum Einsatz als bei den Schnellstartern. Der Schnellstarter ist vor dem Training und Wettkampf übererregt und neigt zur Nervosität (Startfieber). Er benötigt ein kürzeres Aufwärmen mit geringeren Intensitäten und eine eher beruhigende Einflußnahme beispielsweise durch den Trainer; als zusätzliche Maßnahmen können beruhigende Dehnungsformen oder entsprechend geplante mentale meditative Techniken eingesetzt werden.

Hormonelle Einflußfaktoren (Vorstartzustand)

Der das Aufwärmen begleitende vermehrte Ausstoß von Hormonen, die die Leistungsfähigkeit positiv stimulieren (Katecholamine), führt zur Intensivierung der Durchblutung der Muskulatur (hämodynamische Faktoren), zur Erhöhung der Atemtätigkeit (pulmonale Faktoren) und zur Steigerung des gesamten Leistungsstoffwechsels (metabolische Faktoren). Die geistige Vorwegnahme des Starts wird auch als *Vorstartzustand* bezeichnet und löst neben anderen Aspekten die hormonellen Belastungsreaktionen aus.

Das Blutdruckverhalten ist ebenfalls von hormonellen Faktoren mitbeeinflußt. Mit Beginn der Belastung fällt der Blutdruck zunächst für einige Sekunden ab und steigt dann wieder. Bei allen dynamischen Beanspruchungen steigt im allgemeinen nur der systolische Blutdruck an. Bei hohen Krafteinsätzen, gekoppelt mit Preßatmung, sowie bei isometrischer Haltearbeit steigt auch der diastolische Blutdruck stark an (Rost 1989). Während körperlicher Ruhe scheint der Blutdruck großen Einflüssen seitens der psychischen Verfassung ausgesetzt zu sein. Unter Belastung nimmt der Einfluß der psychischen Verfassung jedoch deutlich ab (Hüllemann 1976, aus Maehl/Höhnke 1988, 163).

Die mit der Steigerung des Hormonausstoßes verbundenen Wirkungen sind in Tab. 3 zusammengefaßt:

WIRKUNGEN DER BELASTUNGSBEDINGTEN VERMEHRTEN HORMONAUSSCHEIDUNG (KATECHOLAMINE)

- Steigerung der Herzfrequenz
- Zunahme des Minutenvolumens
- Steigerung der Herzmuskelkraft durch Calcium-Release aus den sarkotubulären Vesikeln
- Erweiterung (Dilatation) der peripheren Gefäßgebiete in der arbeitenden Muskulatur

- Erweiterung (Dilatation) der glatten Ringmuskulatur im Endstreckenbereich der Atmungswege
- Engstellung (Konstriktion) der Gefäße in nicht an der Arbeit beteiligter Muskulatur und Organen (z. B. Magen-Darm-Trakt, Sexualorgane)
- Steigerung der Glykogenese
- Ausschüttung von Glukagon (hebt den Blutzuckerspiegel und hemmt die Darmmotorik sowie die Magensekretion)
- Anfänglicher Anstieg der Ausschüttung des Wachstumshormons (fällt während der Belastung wieder ab)

(in Anlehnung an Weicker 1981)

Tabelle 3

Aktives und passives Aufwärmen

Von den Sportlern werden gern Maßnahmen aus dem physiotherapeutischen Bereich (Massage, Einreibungen) eingesetzt. Ganze Sporttaschen sind voller Fläschchen und Tuben mit hyperämisierenden (durchblutungssteigernden) Wirkungen. Diese Mittelchen führen durch eine Verbesserung der Hautdurchblutung nur zu einem angenehmen Wärmegefühl, die tatsächlichen Wirkungen auf das Erwärmen der Arbeitsmuskulatur sind sicherlich mehr im psychologischen denn physiologischen Bereich zu suchen.

■ Keine passive Maßnahme kann eine aktive gleichwertig ersetzen, sie kann nur ergänzend wirken.

Differenziertes Aufwärmen für den Freizeit- und Breitensportler sowie den Leistungs- und Hochleistungssportler

Während im Leistungs- und Hochleistungssport das Auf- und Abwärmen schon fast traditionell dazugehört, wird im *Breiten- und Freizeitsport* dem Aufwärmen beobachtbar zuwenig Aufmerksamkeit geschenkt; abwärmende Inhalte kommen meist gar nicht zum Tragen. Der Tennis- oder Squashspieler geht auf den Platz und ‹schlägt sich etwas ein›; anschließend wird mit vollem Einsatz gespielt. Wenn die angemietete Zeit vorüber ist, wird abrupt mit der sportlichen Tätigkeit aufgehört. Logische Folge sind die typischen Beschwerdeangaben der Freizeitsportler, ob schmerzhafte Tennisellbogen oder Kniebeschwerden bei Squash-Spielern. Ein gleiches Vorgehen ist im Freizeitfußball zu be-

obachten. Es werden sofort zwei Mannschaften gebildet, und ‹los geht's›.
Hier ist noch viel Aufklärungsarbeit um die Notwendigkeit des Aufwärmens auch im Freizeitsportbereich zu leisten. Primäre Zielsetzung des Aufwärmens beim Freizeit- und Breitensportler ist die positive *Tolerierung* der künftigen sportlichen Belastung. Aufwärmen ist bei dieser Zielgruppe geprägt von einer präventiven Funktion, der Verletzungsvorsorge. Erst an zweiter Stelle der Zielsetzungen steht die möglichst optimale *Adaption* an die Trainingsreize der Hauptinhalte des Trainings in Form eines Leistungsanstiegs.

■ Das Aufwärmen des Breiten- und Freizeitsportlers erfolgt unter Beachtung des Alters, des Trainings- und Gesundheitszustands, der äußeren Bedingungen und der speziellen Erwartungen des Sportlers an das Sporttreiben. Das Abwärmen berücksichtigt die vorhergegangene Belastung und schafft durch die gezielte Einleitung der körperlichen und geistigen Erholprozesse eine günstige Ausgangssituation für die verbesserte Bewältigung des außersportlichen Alltags sowie von künftigen sportlichen Belastungen.

Die Funktion des Aufwärmens des *Leistungssportlers* ist neben den präventiv wirksamen Zielsetzungen in erster Linie an der Leistungsentwicklung orientiert (erfolgreiche Wettkampfteilnahme).
Das Training des Leistungs- und Hochleistungssportlers unterliegt den allgemeinen Trainingsprinzipien. Verschiedene Trainingsmethoden und -inhalte kommen je nach Trainingsphase mit dem Ziel einer Leistungssteigerung zum Einsatz. Ein trainingsmethodisches Prinzip ist die adäquate Vorbereitung des Sportlers auf hohe Trainings- und Wettkampfbelastungen, wobei präventive, verletzungsvorbeugende Absichten mitverfolgt werden.

■ Das Aufwärmen des Leistungs- und Hochleistungssportlers orientiert sich in erster Linie an der Optimierung der folgenden Trainings- und Wettkampfleistung, das Abwärmen an der möglichst optimalen Belastungsverarbeitung und der Schaffung günstiger Voraussetzungen für künftige Anpassungen im Sinne einer Leistungssteigerung.

Häufige Fehler beim Auf- und Abwärmen

Das *Aufwärmen* wird vielfach *zu kurz* und *zu intensiv* durchgeführt. Manchmal spürt der Sportler kurz nach Aufnahme des Trainings bzw. zu Beginn eines Wettkampfes einen ‹toten Punkt›. Er ist gekoppelt mit übermäßig verstärkter Atmung (Hyperventilation) und geht einher mit einer zeitlich begrenzten Leistungsminderung. Dieses zeitlich auf wenige Minuten begrenzte Phänomen läßt sich auf eine noch nicht abgeschlossene Kreislaufregulation, also auf ein ungenügendes oder falsch durchgeführtes Aufwärmen zurückführen. Der Sportler kommt aufgrund der geforderten Leistung kurz nach Beginn des Trainings bzw. Wettkampfes in eine anaerobe Stoffwechsellage. Das bedeutet, daß der Sportler momentan mehr Sauerstoff verbraucht, als er durch seine Transportkapazitäten an den Ort der Verarbeitung heranschaffen kann. Sorgfältiges Aufwärmen mit dem gezielten Ansprechen aller leistungsrelevanten Stoffwechselprozesse verhindert ein solches (vorübergehendes) Leistungstief.
Für die Leistungsprognose ist es wichtig zu wissen, daß die Energiegewinnung nach einem dosierten, sich langsam steigernden Aufwärmen vermehrt aerob stattfindet, die anaeroben Energiereserven werden geschont. Durch ein solches Vorgehen liegen die Laktatwerte während der Hauptbelastung niedriger, als wenn der Sportler auf das Aufwärmen verzichtet hätte (vgl. Jakowlew 1977).

Beispiele für richtig und falsch dosiertes bzw. durchgeführtes Auf- und Abwärmen

Zuerst werden für einen zu intensiven Beginn einer sportlichen Aktivität (Aerobic-Stunde) zwei Herzfrequenzprotokolle dargestellt (vgl. Abb. 12, S. 50).

BEISPIEL 1

FALSCHE INTENSITÄTSWAHL WÄHREND DES AUFWÄRMENS ZU BEGINN EINER GYMNASTIKSTUNDE (AEROBIC)

In Abb. 12 (obere Kurve) ist die schnelle Steigerung der Pulsfrequenz auf Werte um 170 bis 180 durch eine unangepaßte, zu schnell gesteigerte und zu intensive Aufwärmphase zu erkennen. Die betreffende Sportlerin hatte nach nur kurzer Zeit einen ‹toten Punkt› und große Schwierigkeiten, sich zur weiteren Teilnahme zu motivieren und die Belastung zu tolerieren.

BEISPIEL 2

RICHTIGE INTENSITÄTSWAHL BEIM AUFWÄRMEN ZU BEGINN EINER GYMNASTIKSTUNDE (AEROBIC)

Bei diesem Beispiel (untere Kurve) wurde das Aufwärmen allmählicher durchgeführt. Die Sportlerin hatte genügend Zeit, alle leistungsrelevanten Herz-Kreislauf-Parameter auf Leistung einzupegeln. Die starke Herz-Kreislauf-Belastung in der Hauptphase des Trainings wurde auch subjektiv von der Sportlerin selbst wesentlich positiver toleriert («... war easy ...»).

Abb. 12

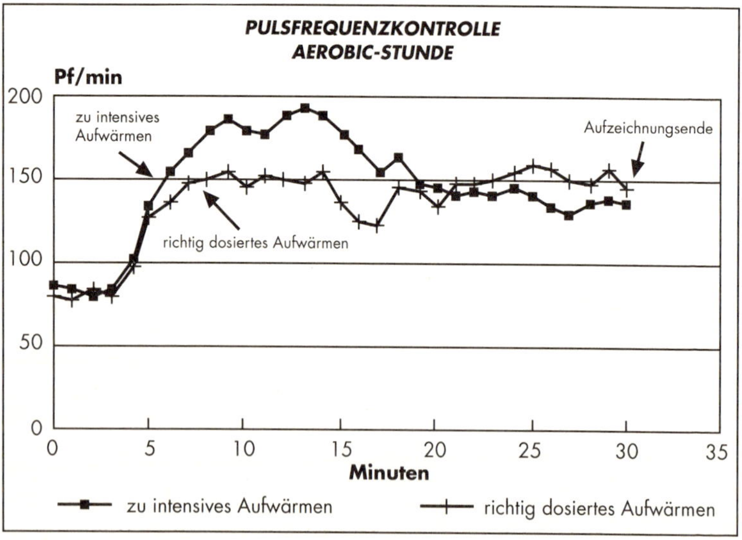

Beim *Abwärmen* werden analog zum Aufwärmen ähnliche Fehler begangen. Auch hier werden häufig *zu kurze* und *zu intensive* Belastungen eingesetzt.

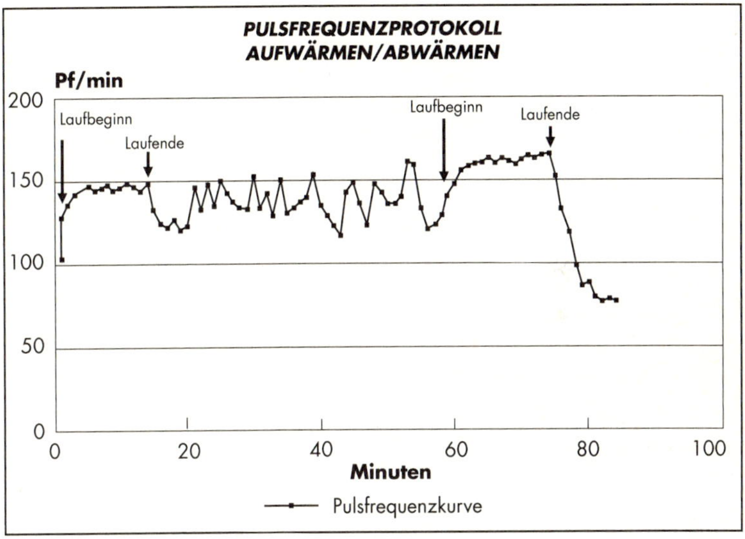

Abb. 13: Unangepaßte Intensität beim Abwärmen. Durch die Belastungsverarbeitung des Hauptteils (dreißigminütiges Krafttraining mittlerer Intensität) ist der Pulsschlag erhöht; das Abwärmen (Auslaufen) muß gegenüber dem Aufwärmen (Einlaufen) intensitätsgemindert durchgeführt werden (vgl. Beispiel 3).

BEISPIEL 3

FALSCHE INTENSITÄTSWAHL BEIM ABWÄRMEN

Ein Fußballprofi (Nationalspieler, Europa- und Weltcupgewinner) läuft sich in einem Fitneßstudio vor einer Krafttrainingseinheit auf dem Laufband mit einer Geschwindigkeit von 10 km/h ein, dabei bewegt sich der Puls bei 140 bis 150 (vgl. Abb. 13). Anschließend wird eine Krafttrainingseinheit mit einer mittelschweren, ganzkörperlichen Beanspruchung von dreißigminütiger Dauer durchgeführt (Zirkeltraining).

Am Ende der Trainingseinheit läuft sich der Sportler aus. Dazu wird genau die gleiche Geschwindigkeit gewählt. Trotz gleicher Laufgeschwindigkeit ist die Belastung für den Sportler höher. Der Puls bewegt sich nun bei ca. 160, ist also um durchschnittlich ca. 15 Schläge höher als zu Beginn der Trainingseinheit. Die Auslaufgeschwindigkeit war trotz gleicher Geschwindigkeitsvorgabe wie zu Beginn zu hoch gewählt, obwohl der Sportler das gleiche subjektive Belastungsempfinden wie zu Anfang des Trainings («locker») angibt.
Die Belastungsverarbeitung des Hauptteils des Trainings erhöht die Pulsfrequenz durch die Anforderungen an metabolische Verarbeitungskapazitäten der im Hauptteil des Trainings eingegangenen Belastungen. Das Auslauftempo zum Ende einer Trainingseinheit sollte niedriger als das Einlauftempo zu Beginn einer Trainingseinheit sein (Freiwald 1990).

(Foto: Karl-Peter Knebel)

BEISPIEL 4

FALSCHE DURCHFÜHRUNG VON STRETCHINGÜBUNGEN

Gerade im Amateur- und Freizeitsportbereich – aber auch im Profibereich – haben gymnastische Übungen während der aufwärmenden Phase häufig mehr rituellen denn einen funktionellen Charakter. Es werden keine korrekten Ausgangs- und Endstellungen eingenommen, und die Übungsauswahl und -zusammenstellung folgt ‹spontanen Eingebungen›.

BEISPIEL 5

MÖGLICHE FEHLER BEI DER PULSFREQUENZBESTIMMUNG

Um die Intensität von Herz-Kreislauf-Belastungen zu erfassen, hat sich die Pulsfrequenzerfassung durch Palpation (Fühlen mit der Hand) als gut geeignet erwiesen. Wenn die Messungen jedoch nicht korrekt durchgeführt werden, besitzen die gewonnenen Werte keinen trainingssteuernden Erkenntniswert.

Fehler

- es verstreicht zu lange Zeit zwischen Belastungsende und der anschließenden Pulsmessung, die eigentlich Auskunft geben soll über den Belastungspuls während des Aufwärmens;
- es werden zu lange Meßzeiträume verwendet (> 15 Sekunden). Dabei besteht die Gefahr, daß der Sportler den Erholungspuls und nicht etwa den Puls mißt, der bei der aktuellen Belastung tatsächlich vorlag;
- bei kurzen Meßzeiträumen, z. B. 10 Sekunden, verzählt sich der ungeübte Sportler recht häufig. Das fehlerhafte Erfassen von nur einem Pulsschlag wirkt sich bei der Multiplikation (x 6) fatal aus. Es werden entweder viel zu hohe oder zu niedrige Pulsfrequenzen angenommen (vgl. Wydra/Karisch 1990).

In der Praxis bewährt haben sich Geräte zur telemetrischen Pulsfrequenzerfassung, die genaue Hinweise auf die tatsächlich vorliegende Herz-Kreislauf-Belastung (Intensität) liefern. Die gewonnenen Werte können im Anschluß an die Belastung ausgedruckt werden und z. B. über eine vom Hersteller mitgelieferte Software (Unilife) vielfältig weiterverarbeitet werden.

Dehnung (Stretching): Durchführung und Wirkung

In den letzten Jahren hat sich in der Sportpraxis ein neues Bewußtsein bezüglich verschiedener Dehntechniken breitgemacht. Dieses Bewußtsein wurde geschaffen und ausgelöst durch die Publikation von Anderson im Jahre 1982, die man als Standardwerk bezeichnen kann. Das Wort «Stretching» war innerhalb kürzester Zeit in Sportlerkreisen bekannt; ein neues ‹Dehnungsbewußtsein› griff um sich. Bezüglich der Thematik des Dehnens und Stretchens entwickelte sich ein wahrer Glaubenskrieg. Passive und aktive Dehntechniken, «Schwunggymnastik» und «Stretchingübungen» werden kontrovers diskutiert.
Auf den Sportplätzen und in den Sporthallen wird mittlerweile fast gesetzmäßig ‹gestretcht›. Stretching ist fester Bestandteil eines jeden Trainingsprogramms. Es ist insbesondere in das Aufwärmprogramm integriert – fast unabhängig davon, welche Belastungen nach dem Dehnen folgen. Auf der Strecke bleibt des öfteren die differenzierte Anwendung der verschiedenen Formen des Dehnens. Sie richtet sich nach dem individuellen Befinden, dem Ziel der durchzuführenden Übungen sowie der anschließend zu bewältigenden Belastung.
Dieses Kapitel soll die verschiedenen Auffassungen beschreiben, eine Übersicht über den aktuellen Stand des Wissens sowie Hinweise zur Gestaltung der sportlichen Praxis geben, denn gerade dort werden noch immer schwerwiegende Fehler gemacht.

WIRKUNGEN VON DEHNUNGEN (DEHNTECHNIKÜBERGREIFENDE DARSTELLUNG)

- Verbesserung der Beweglichkeit; Vergrößerung der Gelenkamplitude
- Beeinflussung des muskulären Tonus (Spannungszustand der Muskulatur)
- Steigerung der Durchblutung (Aufwärmeffekt)
- Entwicklung von Muskel- bzw. Körpergefühl
- Koordinative Gewinne
- Entspannende, regenerative Wirkungen nach Belastung (Abwärmeffekt)
- Verletzungsvorbeugende Wirkungen
- Schmerzlindernde Wirkungen

Tabelle 4

Dehnübungen können eigenständiger und hauptsächlicher Inhalt im Rahmen eines speziellen Beweglichkeitstrainings sein oder auch in ein Aufwärmprogramm eingebettet werden. Dehnübungen im Rahmen des Aufwärmens dürfen nicht verwechselt werden mit einer speziell geplanten Trainingseinheit mit dem Trainingsziel der Förderung der Beweglichkeit.

Eine ausreichend ausgebildete Beweglichkeit hat neben den ihr zugeschriebenen verletzungsprophylaktischen Wirkungen auch einen positiven, leistungsverbessernden Einfluß. In den jeweiligen sportlichen Disziplinen sind die verschiedenen Gelenke mehr oder weniger in die typischen Bewegungsabläufe miteinbezogen.

Abb. 14: Ausgeprägte, sportartspezifische Beweglichkeit im Hüftgelenk (Ex-Weltmeister im Kickboxing).

Bezüglich der Beweglichkeit sind häufig Mißverständnisse zu beobachten. Dehnübungen im Rahmen eines Aufwärmtrainings haben nur zum Teil die Förderung der Gelenkbeweglichkeit zur Aufgabe. Eine andere Aufgabenstellung kann auch sein, durch geeignete Durchführungsformen die Muskel- und Sehnenspindeln zu aktivieren und auf ein gewolltes und der kommenden sportlichen Anforderung gemäßes Niveau einzupegeln.
Dehnübungen beziehen sich nicht nur auf die Muskulatur, sondern auf alle von der Dehnung beanspruchten Anteile des aktiven und passiven Bewegungsapparats. Dazu gehören auch der Band-, Sehnen- und Kapselapparat, deren Strukturen relativ häufig von Verletzungen betroffen sind.

Plastizität – Elastizität

Um die Wirkungen des Dehnens vollständig zu verstehen, muß man sich vergegenwärtigen, daß die verschiedenen Körpergewebe unterschiedliche mechanische Eigenschaften besitzen. Das Muskelgewebe hat in erster Linie plastische Eigenschaften, während die bindegewebigen Anteile des Körpergewebes (Sehnen, Bänder, Kapseln, Knorpel) über elastische Eigenschaften verfügen. Die Dehnfähigkeit von Sehnen und Bändern liegt zwischen vier und zwölf Prozent; sie kehren nach einem Dehnungsreiz fast vollständig auf ihre Ausgangslänge zurück und sind somit in der Lage, Energie zu speichern und wieder abzugeben.
Da die Muskulatur kombiniert aus überwiegend mit plastischen Eigenschaften versehenem, kontraktilem Muskelgewebe und zum geringen Teil aus elastischen, bindegewebigen Anteilen besteht, besitzt die Muskulatur neben ihrer Fähigkeit zur aktiven Verkürzung (Kontraktion) plastische *und* elastische Eigenschaften. Wird ein Muskel gedehnt, kehrt er nach der Dehnung nicht mehr vollständig in seine Ausgangsposition zurück, es verbleibt ein Dehnungsrückstand. «Einen Dehnungsrückstand erhält man erst, wenn eine gewisse Ausdehnung, verbunden mit einem spürbaren, ziehenden Dehnschmerz (Endgefühl) erreicht wird. Ferner spielt die Zeit eine Rolle, während der ein Dehnungsreiz auf den Muskel wirkt: Je länger diese Zeit ist, desto größer ist der Dehnungsrückstand» (Knebel u. a. 1988, 73).

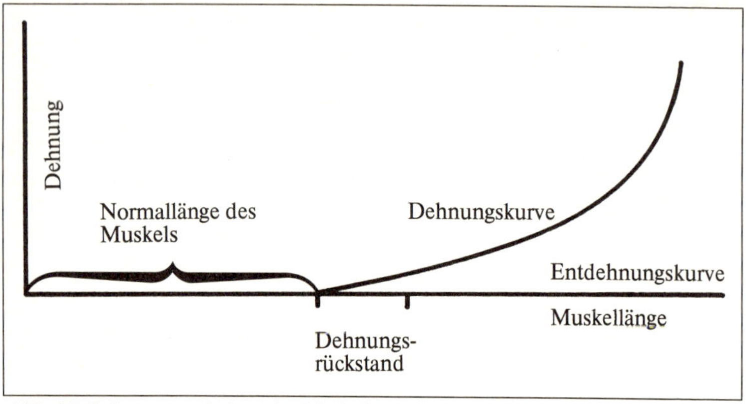

Abb. 15: Dehnungsverhalten des Muskels
Wird ein Muskel gedehnt, setzt er dem Dehnungsreiz eine immer größer werdende Spannung entgegen (s. Verlauf Dehnungskurve). Aufgrund seiner plastischen Eigenschaften und neuronaler Regelmechanismen kehrt er nach Absetzen der Dehnung nicht auf seine ursprüngliche Länge zurück (Entdehnungskurve). Der Muskel behält vorübergehend einen Dehnungsrückstand (aus: Knebel 1988, 73).

Der Dehnungsrückstand wird zum einen durch die plastische Verformung der kollagenen Fasern des Bindegewebes erzielt, zum anderen wird durch ein entsprechendes Dehnen der muskuläre Tonus, die Grundspannung der Muskulatur, herabgesetzt.

Die verschiedenen Techniken des Dehnens sind in erster Linie in aktive und passive Dehnungsarten zu unterscheiden, dabei stellt das Stretching eine besondere Art des Dehnens dar (vgl. Tab. 5).

Aktive Dehnungen werden durch eigene muskuläre Aktivitäten in Gang gesetzt und durch den Gegenspieler (Antagonist; in diesem Falle der zu dehnende Muskel) begrenzt.
Eine *aktiv-dynamische* Dehnung liegt dann vor, wenn der Sportler weich rhythmisch bzw. intermittierend ‹wippt›. Das hat nichts mit einer ‹Zerrgymnastik› zu tun. Es wird vielmehr durch kleine, sich langsam steigernde Bewegungen ein einschleichender Reiz gesetzt. Die Schwingungsweite des Gelenks soll unter der subjektiven Kontrolle des Dehnungsgefühls zunehmend erweitert werden. Diese Form des Dehnens mobilisiert nicht die Reflexaktivitäten, da sie weder ruckartig, schmerzhaft noch schädigend ist (Hoster 1989).

DEHNUNGSARTEN UND DURCHFÜHRUNG

Aktive Dehnungsarten	**Durchführung**
Aktiv-dynamische Dehnungsübungen	– es werden mehrfach wiederholte federnde Bewegungen durchgeführt
Aktiv-statische Dehnungsübungen	– es wird ein aktives Halten in der Endstellung angestrebt (es können 3–4 schwingende Bewegungen vorausgehen)
Passive Dehnungsarten	**Durchführung**
Passiv-dynamische Dehnungsübungen	– durch ein rhythmisches, intermittierendes Dehnen ‹tastet› sich der Sportler an die Beweglichkeitsgrenze heran, die Bewegung wird durch einen Partner oder ein geeignetes Gerät unterstützt
Passiv-statische Dehnungsübungen (1)	– der Sportler hält die maximale Dehnstellung für einige Sekunden bei
Passiv-statische Dehnungsübungen (2)	– der Sportler hält die maximale Dehnstellung für längere Zeit (> 60 Sekunden) bei (Dauerdehnung)
Intermittierende, passive Dehnungsübungen	– der Sportler wechselt ständig die Dehnungs- und Entdehnungsstellung der Muskulatur
Stretching	**Durchführung**
Passives, leichtes Stretchen	– der Sportler versucht die Endstellung (Spannungsgefühl) für ca. 10–30 Sekunden zu halten
Passives, intensives Stretchen	– der Sportler dehnt an das passive, leichte Stretchen anschließend nochmals nach und versucht diese Dehnposition für weitere 10–30 Sekunden beizubehalten
Anspannen–Entspannen–Dehnen (AED-Methode; postisometrische Relaxationsmethode)	– der Sportler spannt unmittelbar vor dem Dehnen den zu dehnenden Muskel isometrisch für ca. 10–30 Sekunden leicht an; anschließend entspannt er den Muskel für 2–3 Sekunden völlig und dehnt ihn abschließend für ca. 10–30 (60) Sekunden (Sölveborn 1983; Weineck 1988).

(vgl. Hoster 1987, 1989, Schober et al. 1990, Sölveborn 1983, Freiwald 1990)

Tabelle 5

Wird die Dehnstellung für einige Sekunden gehalten, liegt eine *aktiv-statische* Dehnung vor. Durch das aktive Einnehmen und Halten einer Dehnstellung wird der Muskel gedehnt. Ein positiver Nebeneffekt dieser Dehnform ist in der Kräftigung der angespannten Muskulatur zu sehen; nicht immer genügt jedoch die Kraft, um die beabsichtigte Dehnung optimal durchzuführen.

Passive Dehnungen werden von der Schwerkraft, dem Partner, einem Gerät oder der agonistisch wirkenden Muskulatur unterstützt.

Passiv-dynamische Dehnungen werden durch einen Partner unterstützt; es wird versucht, sich rhythmisch intermittierend an die Beweglichkeitsgrenze heranzutasten. Auch hier soll durch kleine, sich langsam steigernde Bewegungen die Schwingungsweite des Gelenks langsam erweitert werden. Die Bewegungen sollen unter der subjektiven Kontrolle des Dehnungsgefühls (keine Schmerzen!) stehen; durch eine weiche, nicht ruckartige Bewegungsführung werden die Reflexe des reaktiven Gegenspannens umgangen.

Passiv-statische Dehnungen (1) werden von der Schwerkraft, dem Partner, einem Gerät oder der agonistisch wirkenden Muskulatur unterstützt. Die zu dehnende Muskulatur wird in eine gedehnte Stellung ge-

WIRKUNGEN DER AKTIVEN DEHNUNGSFORMEN (DYNAMISCHE UND STATISCHE DEHNUNGSFORMEN)

- Es findet ein Aufwärmeffekt durch Muskelarbeit statt (Durchblutungssteigerung; Entstehen eines lokalen Wärmegefühls).
- Die Antagonisten der zu dehnenden Muskulatur werden gleichzeitig gekräftigt.
- Die Gegenspieler (Antagonisten) der angespannten Muskulatur werden reflektorisch gehemmt (Reziproke Innervation).
- Durch die notwendige aktive Anspannung wird die neuromuskuläre Steuerung geschult (Bewegungsspezifik), und das Bewegungsempfinden (Muskel- und Körpergefühl) wird verbessert (Intra- und Intermuskuläre Koordination).
- Je nach Durchführung wird eine Tonussenkung bzw. Tonussteigerung der Muskulatur erzielt.
- Nach der ‹schnellen Dehnung›, bei der bewußt das Ansprechen der reflektorischen Aktivität in Kauf genommen wird, ist ein folgender Kraftgewinn nachweisbar.

(vgl. Hoster 1989)

Tabelle 6

bracht und in dieser Spannung für einige (10–20) Sekunden gehalten. Diese Form der Dehnung kommt dem Stretching sehr nahe bzw. überschneidet sich mit dem passiven, leichten Stretchen.

Passiv-statische Dehnungsübungen (2) unterscheiden sich von der Form 1 durch die Herbeiführung einer Dauerdehnung. Der Sportler versucht über einen längeren Zeitraum (> 60 Sekunden) die Dehnstellung beizubehalten.

Intermittierende, passive Dehnungsübungen sind durch einen ständigen Wechsel von Dehnungs- und Entdehnungsstellung gekennzeichnet. Die jeweiligen Stellungen werden nur für ca. 5–20 Sekunden beibehalten.

Stretching ist unter dem Begriff der passiven Dehnung einzuordnen. Sich zu ‹stretchen› beschreibt eine passive Dehnung oder eine Dehnung nach vorheriger Anspannung der anschließend zu dehnenden Muskulatur. Über die Stärke des Anspannens, die der Dehnung bei der AED-Methode (Anspannen–Entspannen–Dehnen) vorausgeht, besteht keine Einigkeit. Die Angaben reichen von der Empfehlung, Muskeln mit größtmöglicher Kraft anzuspannen (Sölveborn 1983), über mäßige Anspannung (Badtke 1987) bis zur vorherigen Anspannung mit minimaler Kraft (Lewit 1983).

WIRKUNGEN DER PASSIVEN DEHNUNGSFORMEN (STATISCHE DEHNUNGSFORMEN, INKLUSIVE DER AED-METHODE)

- Gegenüber den aktiven Dehnungsformen findet eine Energieersparnis durch weniger muskuläre Arbeit statt.
- Passive Dehnungsformen sind eine besonders entspannende Form der Dehnung; der muskuläre Tonus kann durch die Beeinflussung der Dehnungsrezeptoren in Muskulatur, Sehnen-, Band- und Kapselapparat bedeutend gesenkt werden.
- Durch die tonussenkende Wirkung der passiven Dehnungstechniken können Schmerzzustände positiv beeinflußt werden (Linderung).
- Das Gefühl für Muskulatur und Körper wird verbessert.
- Durch sehr ausgiebige passive Dehnungen kann ein vorübergehender Kraftverlust eintreten.
- Passive Dehnungstechniken sollten nur sehr vorsichtig nach (metabolisch) sehr hoch beanspruchenden Trainingseinheiten eingesetzt werden, die Fähigkeit zur Regeneration kann durch eine Behinderung der Stoffwechselprozesse (Kompression der Blutgefäße) vorübergehend eingeschränkt werden.

Tabelle 7

Das vorherige Anspannen der Muskulatur bewirkt eine sich direkt anschließende verbesserte Fähigkeit zur Dehnung; es gibt jedoch sehr unterschiedliche Auffassungen darüber, wie lange die Phase der verbesserten Dehnbarkeit nach einer muskulären Anspannung denn dauert. In der Praxis hat sich die Vorgehensweise des An- und folgend Entspannens und Dehnens jedoch bewährt – auch und besonders unter dem Aspekt zur Entwicklung eines ‹muskulären Feelings›; durch das vorgeschaltete Anspannen wird dem Sportler die folgende Dehnung ‹bewußter›.

Allgemeine Grundsätze des Dehnens vor und nach sportlichen Belastungen

Für die sportliche Praxis ist es notwendig, eigene und fremde Erfahrungen auf der Grundlage anatomisch-physiologischer Kenntnisse in sinnvolle und machbare Programme umzusetzen. Dehnen vor dem Training oder dem Wettkampf, in welcher Form auch immer, ist im Sport Bestandteil der Vorbereitung. Das Dehnen muß jedoch auf die Person und die jeweilige Sportart abgestimmt sein. Für besonders bewegliche Sportler, und hier sind insbesondere die Sportlerinnen gemeint, stellt sich des öfteren die Frage, ob überhaupt Dehntechniken bzw. eigene Trainingseinheiten mit dem Ziel der vermehrten Beweglichkeit eingesetzt werden sollen, die die Beweglichkeit langfristig weiter erhöhen. Schlimmstenfalls gehen weitere, für die betriebene Sportart nicht notwendige Zuwächse der Beweglichkeit auf Kosten der Gelenkstabilität. Vermehrte Beweglichkeit kann eine eingeschränkte Gelenkstabilität bedeuten. Und diese wiederum kann mit einer erhöhten Anfälligkeit für Verletzungen der Gelenkanteile durch mangelnde Führung (Stabilität) einhergehen.
Sich nur und ausschließlich mittels Dehntechniken «warmzumachen» und auf Training und Wettkampf vorzubereiten erscheint nicht ausreichend. Dehnübungen sollten erst *nach* ausreichender Erwärmung eingesetzt werden. Auf der Grundlage eines gezielten und vielseitigen Aufwärmens großer Muskelgruppen und der daraus resultierenden Aktivierung des Herz-Kreislauf-Systems und der Temperaturerhöhung kann die Muskulatur sowie der Sehnen-, Kapsel- und Bandapparat optimal gedehnt werden.
Erst bei einer Gewebetemperatur von 39–40 °C ist eine optimale Zu-

nahme der Elastizität und Plastizität der kollagenen Fasern zu erwarten (Peterson/Renström 1987), durch die vorherige Erwärmung werden die Gefahren von Verletzungen und Fehlbelastungen dieser Strukturen herabgesetzt.
Wenn die künftigen Belastungen hohe Bewegungsgeschwindigkeiten (z. B. eine Sprintbelastung) oder hohe Krafteinsätze (z. B. Krafttraining, Kugelstoßen) voraussetzen, dann müssen andere Dehntechniken zum Einsatz kommen, als wenn die künftige Belastung in ihrer Qualität in erster Linie von einer ausgeprägten Beweglichkeit (z. B. rhythmische Sportgymnastik) abhängig ist.

Dehnen vor und nach ausdauerorientierten Sportarten

Dehnen kann das in Kap. 3 beschriebene Aufwärmen vor ausdauerorientiertem Training nicht ersetzen. Bevor Sie mit dem vorbereitenden Dehnen beginnen, sollten Sie sich durch ganzkörperliche Übungen von mindestens zehnminütiger Dauer erwärmt haben, um optimale Voraussetzungen für das sich anschließende Dehnen zu schaffen.
Das vorbereitende Dehnen wird mittels Grundübungen vollzogen und durch Übungen ergänzt, die der speziellen Ausdauersportart, den persönlichen Zielen und den physisch/psychischen Voraussetzungen entsprechen. Konkret bedeutet das, daß ein Läufer mehr die Muskulatur der Beine und die hüftumspannende Muskulatur dehnt, während ein Ruderer die Dehnung der Rücken- und Rumpfmuskulatur sowie die Muskulatur der oberen Extremitäten betont.
Mit ausdauernden Leistungen ist zwangsläufig ein Substratverlust innerhalb des Organismus des Sportlers und insbesondere in dessen Muskulatur festzustellen. Erschöpfenden Belastungen folgt eine reaktive Erhöhung des muskulären Tonus. Diese Tonuserhöhung (Grundspannung der Muskulatur) kann bis zu massiven muskulären Verspannungen führen. Aus diesem Grunde sollten nach Training und Wettkampf immer Dehnungen zum Einsatz kommen. Sie dienen dem Herabsetzen des muskulären Tonus, der nach jeder längerdauernden sportlichen Belastung erhöht ist (Badtke 1989). In erster Linie sollten intermittierende passive Dehnungen eingesetzt werden (vgl. Tab. 5). Wegen des erhöhten Tonus dürfen keine Dehnungsformen eingesetzt werden, die den zellulären Stoffaustausch behindern könnten. So be-

wirkt die AED-Methode (Anspannen–Entspannen–Dehnen) im Rahmen des Abwärmens keine verbesserte Entspannungsfähigkeit der Muskulatur. Ebensowenig günstig wirken sich statische Dauerdehnungen im Anschluß an hohe metabolische Belastungen aus, es scheint sogar, daß die Dauerdehnung die muskuläre Wiederherstellung nach hohen Belastungen hemmt (Schober, H., et al. 1990).
Bei der postisometrischen Relaxation (AED-Methode) wird durch das Anspannen ebenso wie bei der Dauerdehnung eine räumliche Verengung der Blutgefäße herbeigeführt. Der Abbau von Stoffwechselzwischen- und Stoffwechselendprodukten wird gehemmt, die u. a. von der örtlichen Stoffwechselsituation abhängige Entspannung der Muskulatur eingeschränkt.
Als äußerst vorteilhaft zur Herbeiführung einer tiefgreifenden muskulären Entspannung haben sich die intermittierenden passiven Dehnformen erwiesen. Der ständige Wechsel von Spannung und Entspannung fördert die Regeneration der Muskulatur und wirkt dadurch tonussenkend (vgl. Schober, H., et al. 1990, 90). Neben den Maßnahmen des abschließenden Dehnens steht eine breite Palette weiterer Maßnahmen im Rahmen der Physiotherapie zur Verfügung, die den muskulären Tonus nach einer sportlichen Belastung herabzusetzen in der Lage sind.

Dehnen vor und nach kraftorientierten Sportarten

Nach dem allgemeinen Erwärmen sollten im Leistungstraining vor einem Krafttraining (vorwiegend) aktive Dehntechniken zum Einsatz kommen. Es werden die in Tab. 6 aufgeführten Vorteile genutzt (S. 60).
Nach einem Krafttraining kommen (bevorzugt) passive Dehntechniken (vgl. Tab. 7, S. 61) zum Einsatz; dabei werden insbesondere muskuläre Verkürzungen beachtet und die zur Verkürzung neigende Muskulatur durch den Einsatz passiver Techniken bevorzugt gedehnt.
Nach hohen metabolischen Belastungen, z. B. nach einem intensiven Kraftausdauertraining, verbunden mit hohen Übersäuerungen der Muskulatur, gelten die gleichen Grundsätze wie für den Ausdauersportler; es werden keine Dehntechniken nach der AED-Methode und keine Dauerdehnungen eingesetzt.

ZUR VERKÜRZUNG NEIGENDE MUSKULATUR – BEVORZUGT DEHNEN

- Brustmuskulatur (Pectoralis)
- Kapuzenmuskel (Trapezius)
- Schulterblattheber (Levator scapulae)
- Rückenstrecker (Hals- und Lendenbereich)
- Viereckiger Lendenmuskel (Quadratus lumborum)
- Hüftgelenkbeuger (Iliopsoas)
- Adduktoren
- Schenkelbindenspanner (Tensor fasciae latae)
- Kniegelenkstrecker zweigelenkiger Anteil (Rectus femoris)
- Kniegelenkbeuger (Ischiocrurales)
- Wadenmuskulatur (Gastrognemius; Soleus)

ZUR ABSCHWÄCHUNG NEIGENDE MUSKULATUR – BEVORZUGT KRÄFTIGEN

- Rautenmuskulatur (Rhomboideen)
- Seitlicher Sägemuskel (Serratus anterior)
- Rückenstrecker im mittleren Brustwirbelsäulenbereich
- Gerade und schräge Bauchmuskulatur (Abdominis rectus u. obliquus)
- Gesäßmuskulatur (Glutaen)
- Kniegelenkstrecker (Eingelenkige Anteile, Vastus medialis, intermedialis u. lateralis)
- Schienbeinmuskulatur (Tibialis anterior)
- Fußmuskulatur

Tabelle 8

Dehnen vor und nach schnelligkeits- und schnellkraftorientierten Sportarten

Bei schnelligkeitsorientierten Sportarten sollten, ähnlich wie beim Krafttraining, der Hauptbelastung keine passiven Dehntechniken direkt vorgeschaltet werden. Um optimale Leistungen in schnelligkeitsorientierten Sportarten zu erbringen, müssen die Muskel- und Sehnenspindelaktivitäten erhöht werden. Eine umfangreiche, vorwiegend statisch-passive Dehnung (Stretching) dagegen führt anscheinend zu einer geringer werdenden Kontraktionsfähigkeit der Muskulatur und

damit zu einem vorübergehenden Kraftverlust; der Muskel scheint ‹umzukippen›, er wird zu sehr entspannt (Knebel 1985). Ein weiteres Argument gegen den Einsatz statisch-passiver Dehntechniken direkt vor Schnelligkeits- und Schnellkraftbelastungen ist die erzielte plastische Verformung der kollagenen Fasern in Muskulatur und Sehne und die damit verbundene verminderte Rückstellkraft der elastischen Anteile des Bewegungsapparates (vgl. Hoster 1989, 124).
Dehnen vor schnelligkeits- und schnellkraftorientierten Sportarten kann mit passiv-statischen oder auch aktiv-statischen Übungen eingeleitet werden; es wird dann jedoch übergegangen zur aktiv-dynamischen Dehnung, um die Vorteile dieser Dehnungsform (u. a. Aktivierung der Muskel- und Sehnenspindelaktivität) für schnelligkeits- und schnellkraftorientierte Sportarten zu nutzen. Die Arbeitsmuskulatur kontrahiert anschließend schnellkräftiger, und die Leistungsfähigkeit des Sportlers nimmt zu.
Da bei schnelligkeits- und schnellkraftorientierten sportlichen Tätigkeiten im allgemeinen keine wesentlichen Übersäuerungen auftreten (ausgenommen die längeren Sprintstrecken), sind spezielle Techniken zur Ausschwemmung saurer Stoffwechselzwischen- und Stoffwechselendprodukte nicht notwendig. Zum Abwärmen nach schnelligkeits- und schnellkraftorientierten sportlichen Tätigkeiten werden in erster Linie detonisierend wirkende, passive bzw. aktiv-statische Dehnungsformen verwendet.

Dehnen vor und nach Spielsportarten

Bei den Spielsportarten ist besonders auf ein spezifisches sowie individuelles Dehnen zu achten. Der Fußballspieler wird sich mehr auf die Hüft- und Beinmuskulatur konzentrieren; der Handballspieler muß seine Schultergürtelmuskulatur vermehrt in die Dehnungen miteinbeziehen.
Zu achten ist auch hier im Anschluß an Training und Wettkampf auf das bewußte Dehnen (passiv-statisch) der zur Verkürzung neigenden Muskulatur. Die Verkürzungstendenz einzelner Muskeln kann durch die Sportart und ihre immer wiederkehrenden Bewegungsabläufe bedingt sein. Beim Handballspieler sind typischerweise Verkürzungen der Nacken- und Brustmuskulatur, beim Fußballspieler häufig Verkür-

zungen der Hüftbeugemuskulatur sowie der Adduktoren zu beobachten (Freiwald 1990).
Im Anschluß an die disziplinspezifische Belastung können im Rahmen einer individuellen Trainingsplanung Dehnübungen eingesetzt werden, die diesen Verkürzungstendenzen entgegenwirken. Der Handballspieler dehnt im Anschluß an das Training und den Wettkampf routinemäßig seine Nacken-, Schulter- und Brustmuskulatur, der Fußballspieler bevorzugt seine Hüftbeugemuskulatur sowie die Adduktoren.
Um nach hohen Ausbelastungen wieder schnellstens zu regenerieren, haben sich die passiv-intermittierenden Techniken am besten bewährt (vgl. Tab. 5, S. 59). Setzen Sie nach hohen Ausbelastungen keine Dehnungen nach der AED-Methode oder Dauerdehnungen ein, sie haben sich durch einen ungünstigen Einfluß auf das der Belastung folgende reaktive Stoffwechselgeschehen und eine eingeschränkte Wirkung auf die muskuläre Entspannung als nicht geeignet zur Nachbereitung eines harten Wettkampfes oder Trainings gezeigt.

Dehnen vor und nach besonders einseitig orientierten Sportarten

Jede Sportart (spezielles Aufwärmen) erfordert besondere Dehntechniken. Beispielsweise sind in den sogenannten Rückschlagsportarten wie Tennis, Tischtennis, Badminton und Squash typische Grund- und Spielhaltungen anzutreffen. Die vornübergebeugte Stellung im Tennis oder Tischtennis in Erwartung des Balls, aber auch die Verdrehung in der Lenden-

Abb. 16: Tischtennisspieler (Jörg Roßkopf), vornübergebeugt in typischer ‹Erwartungshaltung›.
(Foto: Bernd-Ulrich Groß)

wirbelsäule beim Return des ‹schlechten Spielers› (mangelnde Technik) führt in der Praxis recht häufig zu Beschwerden im Lendenwirbelsäulenbereich durch verspannte und (hyperton) verkürzte Muskulatur. Ein kombiniertes Kräftigungs- und Dehnungsprogramm kann die Muskulatur auf eine normale Länge und in einen angepaßten Funktionszustand bringen und damit Besserung verschaffen. Parallel zu diesen Maßnahmen ist eine Optimierung der sportlichen Technik anzustreben. Eine gute Technik ‹entlastet› den Bewegungsapparat; es sind keine so großen Kräfte mehr wie bei einer unzureichenden Technik für die eigentliche Spielbewältigung notwendig. Vorbeugend sollen bei einseitig beanspruchenden Sportarten die zur Verkürzung neigenden Muskeln mittels geeigneter Techniken (z. B. passiv-statische Dehnungen, Stretching) gedehnt werden (vgl. Tab. 8, S. 65).
In der sportlichen Praxis bietet sich die individuelle Durchführung eines Muskel- und Gelenkfunktionstests bzw. die computergestützte Muskelkraftmessung (z. B. Cybex 340) zur genauen Bestimmung des Kontraktions- und Dehnungsverhaltens an. Mittels solcher Tests sind ebenfalls Aussagen über muskuläre Ungleichgewichte (Dysbalancen) sowie orientierende Erkenntnisse über eventuelle sich anbahnende Muskel- und Gelenkschädigungen möglich. Die Bestimmung des muskulären Status versetzt den Sportler in die Lage, den individuellen Anteil des Auf- und Abwärmens angepaßter zu gestalten. Der sogenannte Muskelfunktionstest nach Janda (1976) ist von jedem gut ausgebildeten Krankengymnasten (Sportphysiotherapeuten) zu leisten; spezielle Computerdiagnostiken sind in erster Linie in Kliniken und einschlägigen Reha-Zentren möglich.

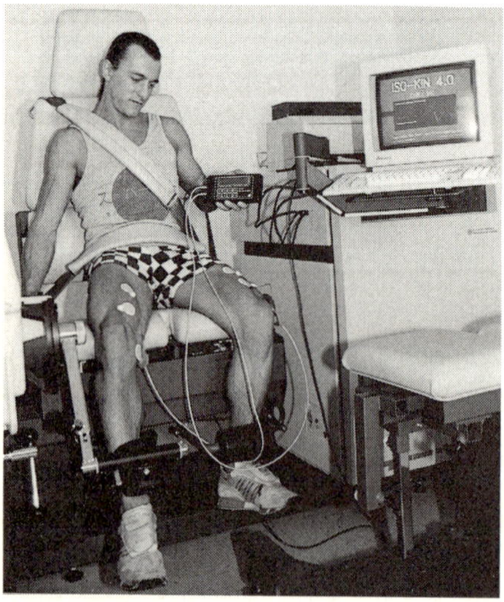

Abb. 17: EMG-Messungen zur Ermittlung der elektrischen muskulären Aktivitäten und des damit gekoppelten muskulären Anspannungs- und Entspannungszustands.

PRAKTISCHE GRUNDSÄTZE DES DEHNENS IM RAHMEN AUF- UND ABWÄRMENDER MASSNAHMEN

- Integrieren Sie Dehnübungen, die ihrem ‹Typ› und Ihrer Sportart angemessen sind, als feststehendes ‹Ritual› in die Vor- und Nachbereitung eines jeden Trainings und Wettkampfes.
- Dehnen Sie die zur Verkürzung neigende Muskulatur, und kräftigen Sie die zur Abschwächung neigende Muskulatur (vgl. Tab. 8), entwickeln Sie Mechanismen der Selbstreflexion, und erstellen Sie sich ein individuelles Dehnungsprogramm, das Sie konsequent über einen längeren Zeitraum durchführen.
- Bei schon ‹überbeweglichen› Sportlern sollen Dehnungen nicht routinemäßig durchgeführt, sondern genauestens geplant und dosiert werden.
- Dehnübungen sollten bei ruhiger Atmosphäre und in möglichst warmer Umgebungstemperatur durchgeführt werden; wenn das auf dem Sportplatz nicht möglich ist, kann auch in geschlossenen Räumen, z. B. den Umkleiden, gedehnt werden.
- Konzentrieren Sie sich während des Dehnens auf sich selbst, lassen Sie sich möglichst wenig ablenken.
- Unterstützen Sie die Übungsdurchführungen durch die Beobachtung und den Einsatz Ihrer Atemtätigkeit. Versuchen Sie während des Ausatmens noch etwas ‹nachzulassen›, noch etwas weiter in die Dehnstellung zu gelangen.
- Orientieren Sie sich bei der Durchführung von Dehnübungen nur an Ihrer eigenen Beweglichkeit; nehmen Sie sich keine ‹Artisten› zum Vorbild.
- Stellen Sie sich Ihr Übungsprogramm so zusammen, daß Sie immer den Agonisten, z. B. den vorderen Oberschenkelmuskel, und den zugehörigen Antagonisten, in diesem Fall den hinteren Oberschenkelmuskel, im Wechsel dehnen.
- Besser ist es, einige wenige Dehnübungen in korrekter Art und Weise, als möglichst viele Dehnübungen unkorrekt durchzuführen.
- Dehnübungen dürfen nur ein Gefühl der Spannung, aber keine Schmerzen verursachen.
- Dehnübungen müssen mindestens zweimal in der Woche angewendet werden.
- Die einzelnen Dehnübungen müssen innerhalb einer Trainingseinheit häufiger wiederholt werden; je Übung mindestens dreimal.
- Orientieren Sie Ihr persönliches Dehnungsprogramm an Ihrer Sportart (spezielles Dehnen) und Ihren persönlichen Stärken und Schwächen (individuelles Dehnen).

- Vermeiden Sie den häufig gemachten Fehler, nur diejenigen Übungen durchzuführen, die Sie besonders gut können, und diejenigen Übungen zu vernachlässigen bzw. wegzulassen, die Ihre ‹Schwächen› (Verkürzungen?) darstellen.
- Dehnübungen für von einer Verletzung betroffene Gelenke sollen nur nach Rücksprache mit dem Arzt bzw. einem Krankengymnasten durchgeführt werden.

Tabelle 9

Durchführung des Aufwärmens und Abwärmens

Das Auf- und Abwärmen folgt sportartenübergreifend dem in Abb. 1 dargestellten Schema (S. 15). Dem allgemeinen Aufwärmen (Abwärmen) folgen spezielle, auf die jeweilige Sportart bezogene Tätigkeiten, die mit einem individuellen, auf die Besonderheiten des Sportlers zugeschnittenen Programm weitergeführt werden.
Allgemein erwärmende, ganzkörperliche Tätigkeiten stehen dabei vor Dehnungen; Dehnungen wiederum vor den tonuserhöhenden, kräftigenden Übungen.

■ Das Aufwärmen vor dem Training soll aktivieren, während es vor dem Wettkampf regulierend wirken soll.

Ausdauerorientierte Sportarten

Auch in Ausdauersportarten ist eine adäquate Vorbereitung des Herz-Kreislauf-Systems und der Muskulatur auf die folgende Belastung notwendig. Es gibt in der sportlichen Realität keine ‹reinen Ausdauerleistungen›, die mit mittlerer Intensität beginnen und deren Intensität bis zum Ende des Wettkampfes nicht verändert wird. Selbst bei Volksläufen ohne überregionale Bedeutung kann beobachtet werden, daß kurz nach dem Start die besten vorderen Positionen mit einem Tempo eingenommen werden, das weit über dem durchschnittlichen Wettkampftempo liegt. Wer hier unvorbereitet startet, der hat schon zu Beginn des Rennens verloren.
Durch ein dosiertes, sich langsam steigerndes Aufwärmen findet die Energiegewinnung vermehrt aerob statt, die anaeroben Energiereserven werden geschont. Durch diese Vorgänge liegen die Laktatwerte während der Hauptbelastung niedriger, als wenn der Ausdauersportler auf das Aufwärmen verzichtet hätte (vgl. Jakowlew 1977), der Sportler kann sich bei anfänglichen Positionskämpfen besser behaupten und bei Zwischen- und Endspurts nochmals an Tempo zulegen.
Dem ersten allgemeinen Teil des Aufwärmens folgen allgemeine, spezielle und individuelle Dehnübungen. Falls im folgenden Wettkampf erwartungsgemäß von Anfang an Positionskämpfe stattfinden, die unter dem Einsatz anaerober Energiebereitstellungsmechanismen ablaufen, dann werden im Rahmen der gezielten Vorbereitung einige submaximale Läufe dem Wettkampf vorgeschaltet, um den anaeroben Stoffwechsel zu stimulieren und um ein Umschalten von aeroben auf anaerobe Stoffwechselmechanismen zu erleichtern.
Bei extremen Umgebungsbedingungen wie z. B. großer Hitze und Schwüle kann auf ein Aufwärmen im genannten Sinne weitgehend verzichtet werden. Nielsen (1982) empfiehlt gar Abkühlen statt Aufwärmen. Amerikanische Leichtathleten führten diese Abkühlungen bei den Olympischen Spielen 1988 auch zwischen den Wettkämpfen durch; sie kühlten sich in mit Eiswasser gefüllten Tonnen stehend ab. Nielsen begründet den Effekt so, daß der Kreislauf langsamer ‹anspringe› und die energieliefernden Prozesse geschont würden. Im Freizeit- und Breitensport sowie im Leistungssport auf mittlerer Ebene spielt ein solches Vorgehen sicher keine Rolle. Trotzdem kann bei extremen

Umgebungstemperaturen auf eine gezielte Erhöhung der Körpertemperatur verzichtet und statt dessen nur einige ausgewählte Kräftigungsübungen zur Aktivierung und Tonisierung der Muskulatur (Spannungserhöhung) eingesetzt werden.
Während langdauernder Wettkämpfe müssen Flüssigkeiten zugeführt werden, um eine mit dem Flüssigkeitsverlust verbundene Leistungsabnahme zu vermeiden. Spätestens während des Abwärmens bzw. direkt im Anschluß an das Abwärmen muß ein Ersatz der mit jeder längerwährenden Ausdauerbelastung verbundenen Flüssigkeitsverluste durch Trinken vorgenommen werden. Es bieten sich handelsübliche Elektrolyt-Vitamingetränke bzw. als preisgünstigere Lösung ein gut ausgesuchtes kohlensäurearmes und mineralstoffreiches Mineralwasser mit Fruchtsaftzusatz (Orange, Grapefruit, Apfelsaft u. a.) an.
Nach ausdauerorientierten Sportarten kommt ein individuelles Dehnprogramm zum Einsatz, da auch nach ausdauernden Leistungen ein ‹reaktiver Muskelhypertonus› vorliegt. Die erhöhte muskuläre Spannung wird durch tonussenkende Dehntechniken reduziert, um eine beschleunigte Regeneration zu ermöglichen und das Ausbilden von muskulären Dysbalancen zu verhindern. Dabei wird auf die AED-Methode und den Einsatz von passiven Dauerdehnungen verzichtet, die an dieser Stelle wegen der die metabolische Restitution behindernden Wirkungen keinen positiven Einfluß im Sinne einer schnelleren muskulären Erholung und Entspannung haben. Wiederholte Dehnungen über einen kürzeren Zeitraum (intermittierende passive Dehnungen) haben sich dagegen als sehr geeignet zur Tonusminderung nach hohen Belastungen erwiesen (Schober, H., et al. 1990).
Eigene Untersuchungen (Freiwald 1990) haben gezeigt, daß die Verwendung von Biofeedback-Geräten, die die muskuläre Spannung rückmelden (EMG mit akustischer Signalgebung), eine besonders geeignete Möglichkeit

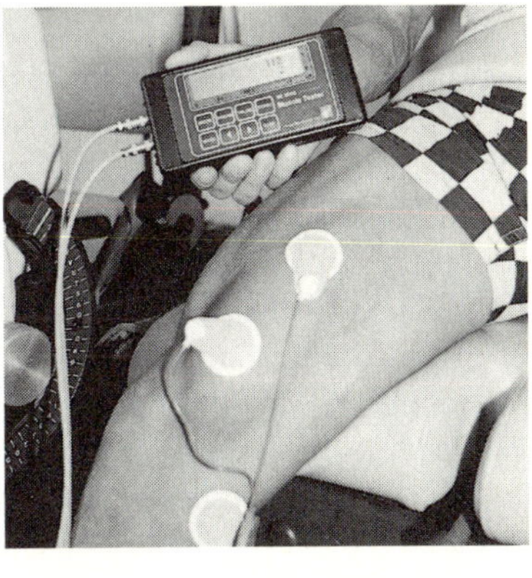

Abb. 18: Biofeedback-gestützte Kontrolle der An- und Entspannung der Muskulatur (EMG-Tester ME 3000 von Woodway)

darstellen, um muskuläre Spannungen zu objektivieren. Durch die Rückkopplung (Synchroninformation) des Spannungszustands der Muskulatur und das bewußte Erfassen seitens des Sportlers kann die Fähigkeit der Entspannung über die Ausbildung von Selbstwahrnehmungsmechanismen gefördert werden.
Einen weiteren Aspekt des Abwärmens nach ausdauerbetonten Belastungen stellt die mit langdauernden Stoffwechselbeanspruchungen gekoppelte Erhöhung der Körpertemperatur dar. Wenn die Umgebungstemperatur sehr hoch oder die Luftfeuchtigkeit erhöht ist, dann ist die Schweißabgabe an die Umgebung und die damit verbundene Regulation (Senkung) der Körpertemperatur eingeschränkt. In solchen Fällen hat sich eine lauwarme, später kälter werdende Dusche bzw. ein entsprechend niedrig temperiertes Wannenbad bewährt. Wenn diese Möglichkeiten nicht zur Verfügung stehen, bieten sich Eisabreibungen der erhitzten Arbeitsmuskulatur zur Kühlung an, wobei die letzteren Maßnahmen der gezielten Kühlung nur bei extremen Umgebungstemperaturen und bei ausdauerbetonten Leistungen eine Rolle spielen.

Kraftorientierte Sportarten

Gerade bei kraftorientierten Sportarten werden häufig Fehler beim Aufwärmen begangen; schon bei der Darstellung der Wirkungen des Auf- und Abwärmens auf das Kapsel-, Band-, Sehnen- und Knorpelgewebe wurde darauf hingewiesen (vgl. S. 37ff). Besonders in den Sportstudios ist immer wieder zu beobachten, daß sich Freizeitsportler nicht den künftigen Anforderungen gemäß aufwärmen. Eigene Untersuchungen belegen, daß im Studiobereich auf das Fahrradfahren als standardmäßig eingesetztes Aufwärmprogramm Belastungen der Rumpfmuskulatur, der Schulter-, Arm- und Handgelenke folgen, die während des Aufwärmens auf dem Fahrradergometer in keiner Weise beansprucht wurden und damit nicht auf die künftige Belastung vorbereitet sind.
Bei jeder sportlichen Belastung, bei kraftorientierten Sportarten im besonderen Maße, unterliegen die Gelenke, besonders der gelenküberziehende Knorpel, und die Wirbelsäule, besonders die bindegewebigen

Bandscheiben und die kleinen Wirbelgelenke, hohen Belastungen. Auf diese Belastungen muß durch ein gezieltes Programm vorbereitet werden. «Es ist durchaus funktioneller, durch mehrere Wiederholungen der Kraftübung mit leichter bis mittlerer Belastung die zu beanspruchende Muskelgruppe (und den Gelenkstoffwechsel, Anm. d. Verf.) anzuregen, worauf funktionelle Dehnungsübungen sowohl der Agonisten als auch der Antagonisten folgen, bevor man ins eigentliche Training einsteigt» (Knebel 1988, 95f).

Konkret heißt das z. B. für das Krafttraining an Geräten, zuerst die entsprechenden Bewegungsabläufe mit mehreren Wiederholungen bei verminderter Last und erst folgend mit voller Belastung durchzuführen. Neben der sehr spezifischen Vorbereitung der Muskulatur und der Anteile des passiven Bewegungsapparates erfolgt eine Gewöhnung und damit eine koordinative Schulung des Bewegungsablaufs. Dehnübungen sollten im einleitenden Teil des Trainings die zur Verkürzung neigende Muskulatur (vgl. Tab. 8, S. 65) im Rahmen des speziellen und des individuellen Aufwärmens auf eine normale Länge bringen sowie die Muskel-, Sehnen- und Gelenkrezeptoren aktivieren.

In der Phase des Abwärmens empfehlen sich Maßnahmen, durch die die Stoffwechselzwischen- und Stoffwechselendprodukte aus der Muskulatur geschwemmt werden, sowie Maßnahmen, die eine Flüssigkeitsaufnahme der Bindegewebsanteile bewirken bzw. beschleunigen. Für das muskuläre Abwärmen kommen in erster Linie gering dosierte, ganzkörperliche Gymnastikformen in Frage, mit sich anschließenden bzw. begleitenden Dehnungsübungen (Lockerungsgymnastik). Nach starken anaeroben Krafttrainingsbelastungen, z. B. einem Kraftausdauertraining, sollte auf Dehnübungen im Sinne der AED-Methode und der statischen Dauerdehnung verzichtet werden. Diese Formen des Dehnens sollten erst 8–12 Stunden nach der Kraftbelastung eingesetzt werden. Besondere Beachtung sollte hierbei die Muskulatur finden, die aufgrund der Sportart oder aufgrund individueller Besonderheiten zur Verkürzung neigt.

Direkt im Anschluß an die Haupttrainingsinhalte werden zur Verbesserung der Flüssigkeitsaufnahme der bindegewebigen Strukturen (Bandscheiben, Gelenkknorpel) gezielte Entlastungshaltungen eingenommen oder spezielle Bewegungsformen (‹Schulterpendeln›) durchgeführt. Diese speziellen Lagerungs- und Bewegungsformen (vgl. Abb. 9, S. 40) haben sich auch unter dem Aspekt des mentalen Entspannens sehr bewährt.

Nach starken muskulären Belastungen ist das Entspannungsbad bei einer Temperatur von 39–40 °C ein gutes Mittel zur Regeneration; nach sehr starken Belastungen der Gelenke hat sich die Sauna als besser geeignet erwiesen (vgl. Scheibe, E., et al. 1988).
Im Rahmen der zeitlich folgenden Nachbereitung sollten Sie die notwendige Eiweißaufnahme, am besten über Magermilchprodukte, nicht vergessen. Ein Haus kann nur dann gebaut werden, wenn genügend ‹Material› zur Verfügung steht!

Schnelligkeits- und schnellkraftorientierte Sportarten

Schnelligkeitsorientierte Sportarten wie der leichtathletische Sprint oder auch schnellkraftorientierte Sportarten wie beispielsweise das Volleyballspiel zeichnen sich durch explosive Krafteinsätze und die Erzielung höchster Bewegungsgeschwindigkeiten aus. Durch den maximalen Willens- und Kräfteeinsatz werden besonders hohe Belastungen auf alle an der Bewegung mitbeteiligten Strukturen ausgeübt.

■ Je kürzer und je maximaler die sportlichen Belastungen sind, desto umfangreicher und spezifischer hat das Aufwärmen zu erfolgen.

Für den Sportler in den schnelligkeits- und schnellkraftorientierten Sportarten ist es von besonderer Wichtigkeit, sich im Rahmen des Aufwärmens eine Art ‹körperliche Intelligenz› anzueignen. Das Aufwärmen soll aktivieren, es soll zu höchster Leistung im Wettkampf verhelfen. Es ist jedoch nur ein schmaler Grat zwischen dem die energieliefernden Prozesse aktivierenden Aufwärmen und dem ersten

Verbrauch leistungsnotwendiger Energieträger. Trainer wie Sportler müssen einen optimalen Weg für sich finden, der nur über die Entwicklung einer ‹psychosomatischen Intelligenz› funktioniert.
Auch in der Vorbereitung auf schnelligkeits- und schnellkraftorientierte Sportarten steht das allgemeine Aufwärmen mit der Folge einer erhöhten Körpertemperatur am Anfang. Es schließen sich erste Dehnungen, bevorzugt Dehnungen aus dem Stretching (AED-Methode), an. Es folgen sportartspezifische Bewegungen ohne maximalen Kraft- und Geschwindigkeitseinsatz. Während der Sprinter mehrere Starts (Steigerungsläufe) mit submaximalem Einsatz durchführt, vollzieht der Volleyballer erste submaximale Sprünge am Netz. Im Rahmen einer solchen Vorbereitung können ebenfalls die sportlichen Techniken überprüft, eingestellt und optimiert werden.
Es folgen spezielle, sportartbezogene und individuelle Dehnungen aus dem Bereich der aktiv-dynamischen Dehnungsarten. Abschließend werden Bewegungsabläufe aus der jeweiligen sportlichen Disziplin in allen Variationen mit submaximalen, anschließend maximalen Intensitäten durchgeführt. Nach dem Ablegen (und eventuellen Wechseln) der Aufwärmkleidung kann der Wettkampf bzw. das Training (Hauptteil) beginnen.
Das Abwärmen im Rahmen schnelligkeits- und schnellkraftorientierter Sportarten ist ähnlich dem Abwärmen nach kraftorientierten Sportarten (vgl. S. 74ff). Da auch in diesen Disziplinen die Strukturen des passiven Bewegungsapparates besonderen, hohen und höchsten Belastungen ausgesetzt sind, müssen diese Strukturen im Rahmen der abwärmenden Maßnahmen besondere Berücksichtigung finden.

Spielsportarten

Das Aufwärmen in den Spielsportarten hat sich an der jeweilig typischen zeitlich-räumlichen Struktur und den für die Sportart bestimmenden Krafteinsätzen zu orientieren. Die Struktur und die Spezifik der folgenden Belastung sollte schon im allgemeinen Aufwärmteil wiedererkennbar sein. Beim Basketball läuft sich der Spieler nur wenige

Minuten ein, um anschließend das Warmlaufen mit Balldribbling im Vor-, Rück- und Seitwärtslaufen in geringem Tempo zu kombinieren. Allgemeine und spezifische Dehn- und Kräftigungsübungen bereiten eine Intensitätssteigerung im Rahmen des speziellen Aufwärmens vor. Druckpässe, Korbwürfe aus dem Stand, dem Lauf und dem Sprung wechseln mit Tempodribblings ab.

Am Ende des Aufwärmens stehen individuelle Dehnungen, die je nach individuellem Erfordernis aus dem aktiven oder passiven Maßnahmenbereich kommen können, sowie kräftigende, die Muskulatur tonisierende Übungen, um die schnellkräftigen Bewegungen zu erleichtern und Sehnen- und Muskelreflexe einzupegeln.

Bei Spielsportarten wie z. B. Fußball, Handball, Basketball oder Hokkey, die in ihrer Belastungsstruktur auch durch anaerobe Prozesse mitbestimmt sind, haben sich im Rahmen des Abwärmens Maßnahmen wie das lockere, niedrig dosierte Auslaufen, gymnastische Übungen geringer Intensität und das individuelle Dehnen bewährt. Weitere Maßnahmen sind je nach vorausgegangener Beanspruchung zu planen und einzusetzen; nicht zu vergessen ist der schnellstmögliche Ersatz verlorengegangener Flüssigkeit. Es bieten sich handelsübliche Elektrolyt-Vitamingetränke bzw. kohlensäurearmes Mineralwasser mit Fruchtsaft vermischt an.

Praxis – Die Übungen

Auch beim Aufwärmen müssen einige methodische Grundregeln befolgt werden, um den vollen Erfolg zu sichern. Neben der individuellen Mindestdauer des Aufwärmens ist es wichtig zu wissen, daß der Aufwärmeffekt nur für ca. 20–30 Minuten nachweisbar bleibt. Als optimaler Zeitabstand zwischen dem Abschluß des Aufwärmens und dem Wettkampfstart hat sich ein Zeitraum von längstens 5–10 Minuten erwiesen, da ansonsten die durch das Aufwärmen erzielten Effekte schon wieder zurückgehen.

Suchen Sie sich aus dem folgenden Übungsangebot unter Berücksichtigung der im theoretischen Teil besprochenen Grundprinzipien die für Sie geeigneten Übungen aus, und kombinieren Sie sie zu einem Programm.

Verfallen Sie nicht der Versuchung, nur diejenigen Übungen auszuwählen, die Sie schon besonders gut können, und die (manchmal für Sie individuell wichtigeren) Übungen wegzulassen, weil sie Ihnen ‹nicht so liegen›.

Die Übungsbeschreibungen haben nur einen empfehlenden Charakter und erlauben eine erste Einordnung der jeweiligen Übung. Sie sind jedoch nicht als rigide Handlungsanweisung zu verstehen. Bewußt wurde auf Angaben bez. der Intensität und des Umfangs (Wiederholzahlen, Dauer der Übungsdurchführungen) verzichtet.

Sind Empfehlungen mit ❍ gesetzt, dann bedeutet das, daß diese Übung z. B. im Handball- oder im Tennissport integraler Bestandteil des allgemeinen Aufwärmens ist, sie jedoch z. B. im Fußballsport kein grundlegender Bestandteil des Aufwärmens und damit für diese Sportart von untergeordneter Bedeutung ist.

In den Beschreibungen der Übungen sind die Begriffe des Aktivierens, des Tonisierens und der Kräftigung verwendet.

- Als *Aktivierung* wird das Ingangsetzen von Prozessen, Tätigkeiten und Handlungen bezeichnet.
- Als *Tonisierung* wird die Aktivierung der nervösen und metabolischen Prozesse im Zusammenhang mit der Muskulatur bezeichnet. Es wird ein erhöhter Spannungszustand der Muskulatur angestrebt; die Reize sind jedoch unterschwellig, es kommt zu keiner Massenzunahme der Muskulatur.
- Als *Kräftigung* wird der Einsatz von überschwelligen Reizen bezeichnet, die zu funktional und morphologisch faßbaren Anpassungen (u. a. Massenzunahme der Muskulatur) führen.

Die Dehnübungen, die in den Übungsbegleittexten als geeignet für das allgemeine Aufwärmen empfohlen sind, sollten sportartübergreifend vor jeder sportlichen Tätigkeit eingesetzt werden.
Mit manchen Dehnübungen ist ebenfalls ein diagnostischer Ertrag verbunden. Zum einen kann eine Aussage über eine allgemeine oder speziell genügende oder eingeschränkte Beweglichkeit gemacht werden, zum anderen kann bei bestimmten Defiziten ein Rückschluß auf eventuelle Gelenksschädigungen getroffen werden.
Im Rahmen des Abwärmens sollen keine Übungen durchgeführt werden, die mit hohen Übersäuerungen einhergehen; sie sind nicht für das Abwärmen geeignet. Alle Übungen im Rahmen des Abwärmens sollten gegenüber den aufwärmenden Übungen intensitätsgemindert durchgeführt werden.
Die Übungen zur Kräftigung und zur Tonisierung, die als geeignet für das allgemeine Aufwärmen empfohlen sind, sollten sportartübergreifend vor jeder sportlichen Tätigkeit eingesetzt werden. So gehört z. B. die Tonisierung und Kräftigung der Bauchmuskulatur (KT 14) in jedes Vorbereitungsprogramm.
Die Pfeile in den Abbildungen verdeutlichen die Bewegungsrichtungen.

Zur Abschwächung und zur Verkürzung neigende Muskeln

Es gibt Muskeln im menschlichen Körper, die zur Abschwächung und solche, die zur Verkürzung neigen. Die zur Abschwächung neigenden Muskeln sind in erster Linie die phasischen, schnell zuckenden Muskeltypen, die zur Verkürzung neigenden Muskeln sind in erster Linie unter den tonischen Muskeln zu finden (vgl. Tab. 8, S. 65).

1	Kapuzenmuskel	16	Rückwärtige Oberschenkelmuskulatur
2	Deltamuskel	17	Zwillingswadenmuskel
3	Brustmuskulatur	18	Schollenmuskel
4	Zweiköpfiger Armmuskel	19	Kniekehlenmuskel
5	Vorderer Sägemuskel	20	Vierseitiger Lendenmuskel
6	Lendendarmbeinmuskel	21	Rückenstrecker im lumbalen Bereich
7	Schenkelanzieher	22	Rückenstrecker im Hals- und Brustwirbelsäulenbereich
8	Schenkelbindenspanner	23	Schulterblattheber
9	Gerader Schenkelmuskel	24	Birnenförmiger Muskel
10	Gerader Bauchmuskel	25	Rautenmuskulatur
11	Schneidermuskel	26	Schräge Bauchmuskulatur
12	Vorderer Schienbeinmuskel	27	Kniegelenksstrecker, äußerer und innerer Kopf
13	Ellbogenstrecker		
14	Breiter Rückenmuskel		
15	Gesäßmuskulatur		

Tabelle 10: Zur Verkürzung oder Abschwächung neigende Muskulatur (Überblick)

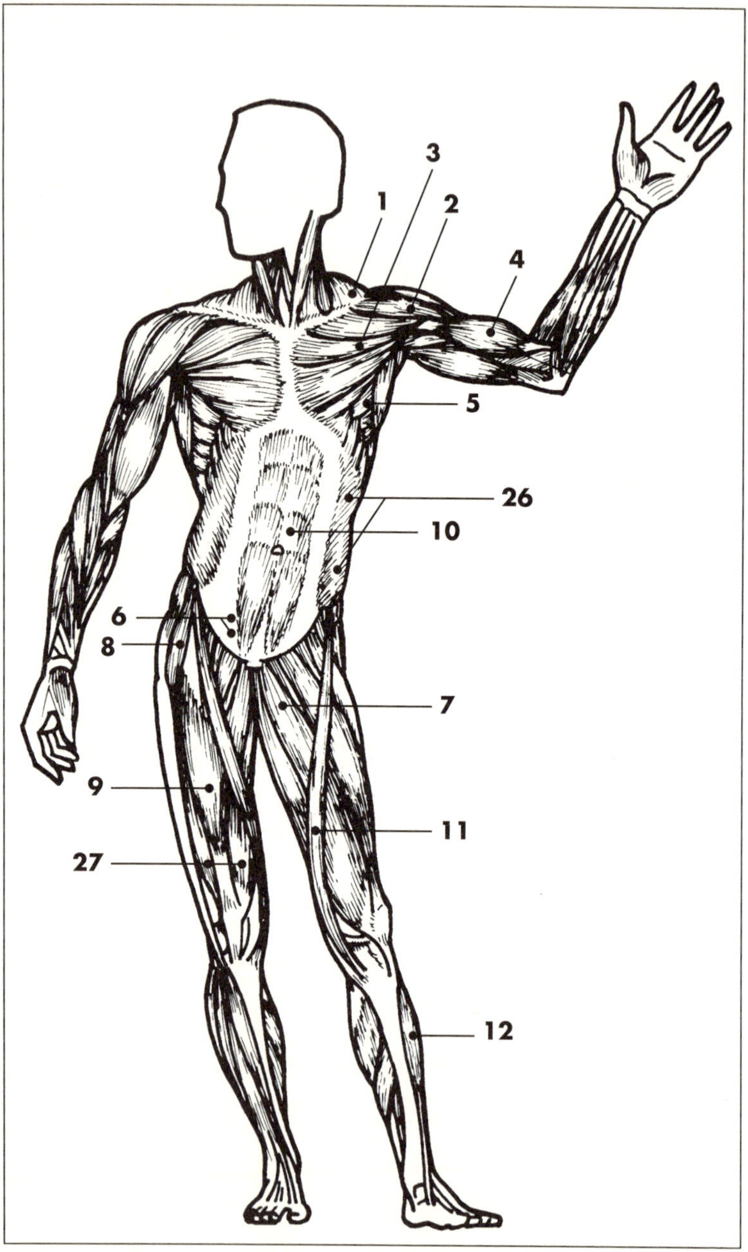
3
1
2
4
5
26
10
6
8
7
9
11
27
12

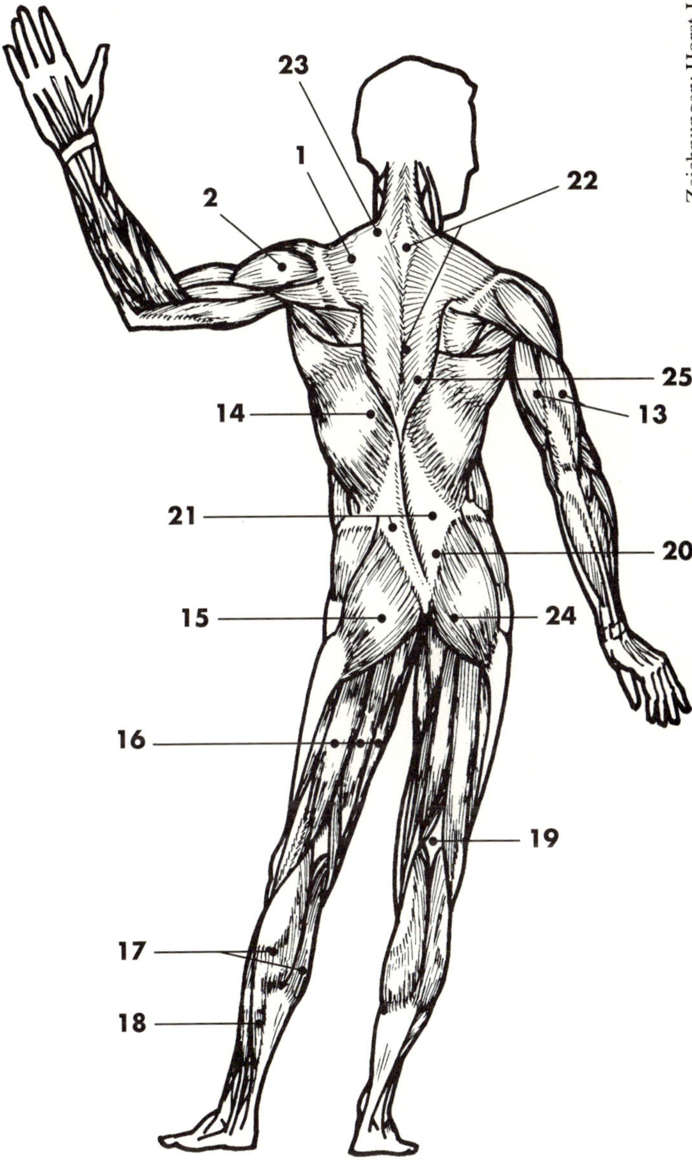
23
1
22
2
25
14
13
21
20
15
24
16
19
17
18
Zeichnungen: Horst Jonath

Zur Verkürzung neigende Muskeln	Lagebezeichnung	Übung
Großer und kleiner Brustmuskel (m. pectoralis major u. minor)	3	D 5, D 6
Kapuzenmuskel, absteigender Anteil (m. trapezius, pars descendens)	1	(D 1)
Schulterblattheber (m. levator scapulare)	23	ohne Übung
Ellbogenstrecker, langer Kopf (m. triceps brachii, caput longum)	13	D 4
Rückenstrecker im Hals- und Lendenbereich (m. erector spinae cervicalis u. lumbalis)	21, 22	D 11, D 12, D 13, D 22, D 24
Vierseitiger Lendenmuskel (m. quadratus lumborum)	20	(D 10)
Lendendarmbeinmuskel (m.iliopsoas)	6	D 14, D 15, D 19
Birnenförmiger Muskel (m. piriformis)	24	ohne Übung
Adduktoren (m. adduktor longus, brevis, magnus, m. gracilis)	7	D 20, D 21
Schenkelbindenspanner (m. tensor fascie latae)	8	ohne Übung
Gerader Schenkelmuskel (m. rectus femoris)	9	D 14, D 15, D 19
Rückwärtige Oberschenkelmuskulatur (m. biceps femoris, semitendinosus, semimembranosus)	16	D 16, D 17, D 18
Wadenmuskeln (m. gastrognemius, m. soleus)	17, 18	D 15, D 16, D 17, D 23

Tabelle 11

Zur Abschwächung neigende Muskeln	Lagebezeichnung	Übung
Großer und kleiner Rautenmuskel (m. rhomboidei)	25	KT 2, KT 6, KT 8, KT 13
Kapuzenmuskel, aufsteigender Anteil (m. trapezius, pars ascendens)	1	KT 1, KT 3, KT 4, KT 5, KT 6, KT 8, KT 13, KT 21
Kapuzenmuskel, mittlerer Anteil (m. trapezius, pars horizontalis)	1	KT 2, KT 6, KT 8, KT 13, KT 21
Vorderer Sägemuskel (m. serratus anterior)	5	KT 7
Rückenstrecker im mittleren Brustwirbelsäulenbereich (m. erector spinae thoracalis)	22	KT 8, KT 13, (KT 17), (KT 18), KT 21, KT 22
Gerade und schräge Bauchmuskulatur (m. rectus abdominis, obliquus abdominis externus, internus)	10, 26	KT 14, KT15, KT 16, KT 17, KT 18
Gesäßmuskulatur (m. gluteus maximus, medius u. minimus)	15	KT 18, KT 19, KT 20, KT 21
Kniegelenksstrecker, innerer u. äußerer Kopf (m. quadrizeps vastus medialis u. lateralis)	27	KT 24
Vorderer Schienbeinmuskel (m. tibialis anterior)	12	KT 29, KT 30, KT 31A, KT 32B, KT 33
Fußmuskeln (m. perionaei)	ohne Abb.	KT 29B, KT 30B, KT 31A, KT 32A, KT 33

Tabelle 12

Diese *grundsätzlichen Ausprägungen* werden durch einseitige sportliche Tätigkeiten verstärkt. So sind beim Fußballspieler häufig verkürzte Hüftbeuger und beim Tennisspieler verkürzte Nackenmuskeln durch die jeweils für die Sportart typischen Haltungen und Bewegungen zu finden.

Ebenfalls können Krankheiten oder immer wiederkehrende Alltagshaltungen zu Verkürzungen von Muskeln führen, die von ihrer Tendenz her eher zur Abschwächung neigen. So sind beispielsweise bestimmte Wirbelsäulenerkrankungen mit verkürzter Bauchmuskulatur gesellschaftlich bedingt. Hier kann nur der Arzt (Orthopäde) der geeignete Ansprechpartner sein. Unkritisch durchgeführte Dehnungen sind hier fehl am Platze.

Bei festgestellter Gesundheit können Sie den in den Tabellen 1 und 2 aufgezeigten Tendenzen im Rahmen Ihres Auf- und Abwärmens entgegenwirken. Sie sollten vorsorglich die zur Verkürzung neigenden Muskeln dehnen und die zur Abschwächung neigenden Muskelgruppen tonisieren und kräftigen, bei durch einseitige sportliche Tätigkeiten bedingten muskulären Dysbalancen sollen die kräftigen und teilweise verkürzten Muskeln gedehnt und ihre *Gegenspieler* gekräftigt werden (vgl. Tab. 11 und 12).

BEISPIEL

Ein Fußballspieler hat verkürzte Hüftbeuger. Er dehnt sie mittels der Übung D 19. Anschließend werden die ‹Gegenspieler›, die Hüftstrekker, tonisiert und gekräftigt, z.B. mit Übung KT 19.

Teste dich selbst

Um Verkürzungen zu erkennen, sind einfache Tests möglich. Noch besser ist es, wenn diese Tests von einem erfahrenen Sportlehrer oder Krankengymnasten durchgeführt werden, bei Verdacht auf Gelenkserkrankungen (z. B. Arthrose!) am besten von einem Orthopäden. Da die gezeigten Selbsttests aktive Übungen sind, wobei die aktive Beweglichkeit sowohl durch Verkürzung als auch durch Abschwächung des Gegenspielers bedingt sein kann (häufig kombiniert), werden nicht nur Dehn-, sondern ebenfalls Kräftigungsübungen empfohlen. (Der Test beruht auf der Normal-Null-Methode, die aus der Krankengymnastik bekannt ist.)
Im Rahmen dieses Buches konnten nicht alle geeigneten Übungen dargestellt werden. Lassen Sie sich bei speziell festgestellten Defiziten (Verkürzungen, Abschwächungen) von einem speziell ausgebildeten Sportlehrer oder einem Krankengymnasten beraten!

Verkürzungstest	Durchführung	Interpretation	Anmerkungen
T 1 Kapuzenmuskel	Im Sitz oder Stand neigen Sie Ihren Kopf möglichst weit nach rechts/links. Die Schultern bleiben parallel zum Boden, Sie schauen geradeaus.	Verkürzte Muskulatur: Die mögliche Seitneigung ist geringer als 45 Grad.	Denken Sie bei Einschränkungen der Beweglichkeit auch immer an krankhafte Prozesse der Halswirbelsäule.
T 2 Kopfwender	Drehen Sie Ihren Kopf bei aufrechter Körperhaltung langsam nach rechts und nach links.	Verkürzte Muskulatur: Sie können Ihren Kopf nur weniger als 80 Grad drehen.	Denken Sie bei Einschränkungen der Beweglichkeit auch immer an krankhafte Prozesse der Halswirbelsäule.

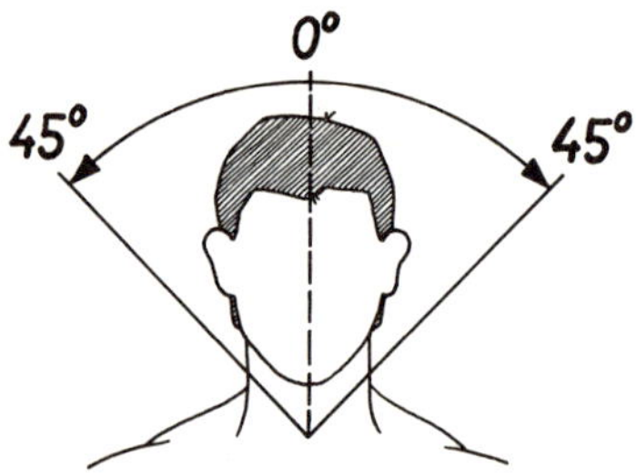

T 1

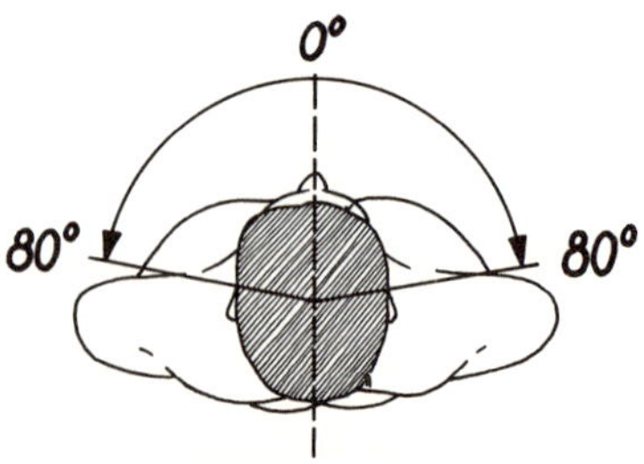

T 2

Zeichnungen S. 88–95: Georg Sojer

Verkürzungs-test	Durchführung	Interpretation	Anmerkungen
T 3 Seitliche Rumpfmuskulatur	Im Stand neigen Sie Ihren Oberkörper zur Seite. Achten Sie darauf, daß Sie Ihren Oberkörper nicht verdrehen und Ihr Becken nicht seitlich ‹wegkippt›.	Verkürzte Muskulatur: Bei einer Seitneigung, die geringer als 40 Grad ist.	
T 4 Komplexe Körperrückseitige Muskulatur	Sie neigen sich im Stand mit geschlossenen und gestreckten Beinen nach vorn-unten und versuchen Ihre Zehen zu erreichen.	Verkürzte Muskulatur: Sie erreichen nicht Ihre Zehenspitzen.	Bei der seitlichen Ansicht soll eine harmonische Krümmung der gesamten Wirbelsäule zu erkennen sein.

T 3

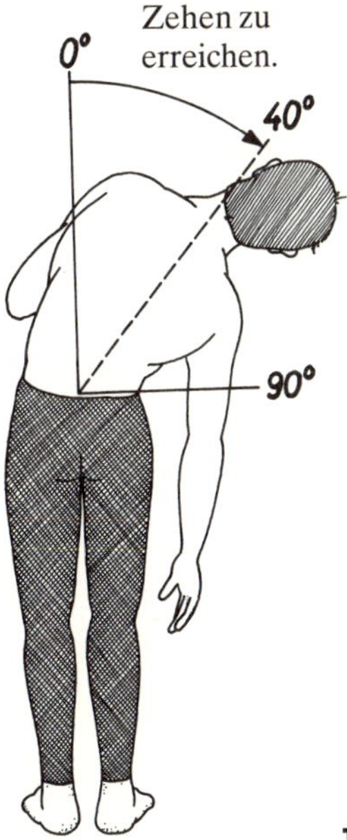

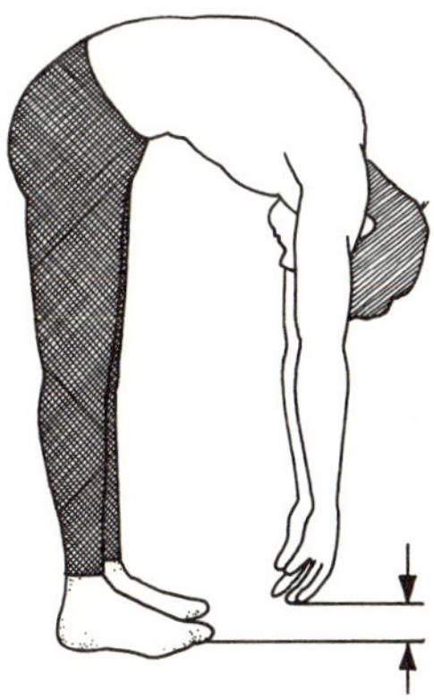

T 4

Verkürzungstest	Durchführung	Interpretation	Anmerkungen
T 5 Ellbogenbeuger- und -strecker	Im Stand mit nach vorn gestrecktem Arm beugen und strecken Sie in Ihrem Ellbogengelenk.	Verkürzte Muskulatur: Wenn Sie weniger als eine vollständige Streckung und eine Beugung von weniger als 150 Grad erreichen.	
T 6 Unterarmwender	Sie befinden sich im Stand mit nach vorn gestrecktem Unterarm, der im Ellbogengelenk um 90 Grad gebeugt ist.	Verkürzte Muskulatur: Sie erreichen weniger als 80 Grad Ein- und Auswärtsdrehung.	

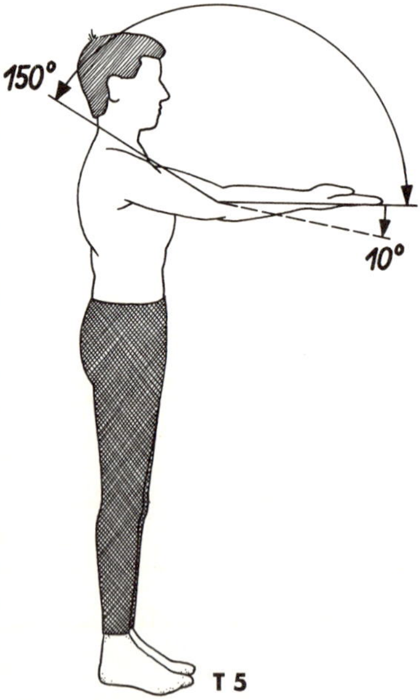

T 5

T 6

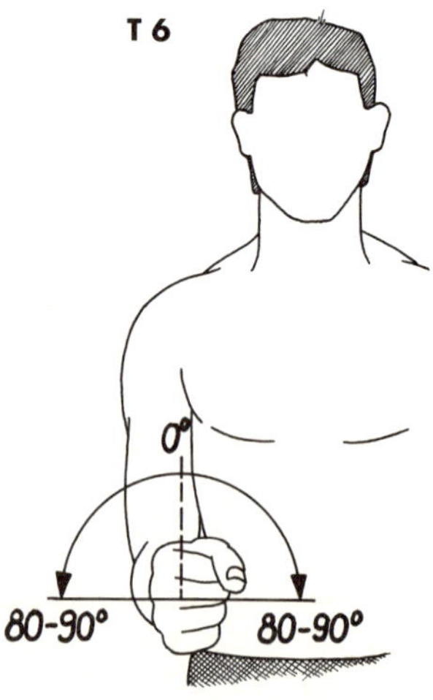

Verkürzungstest	Durchführung	Interpretation	Anmerkungen
T 7 Armabspreizer und Armanzieher	Sie befinden sich im Stand und spreizen Ihren Arm nach seitlich oben ab. Nur der Arm bewegt sich, nicht der Schultergürtel, die Handrücken zeigen nach außen-oben.	Verkürzte Muskulatur: Sie erreichen weniger als 20 Grad Bewegungsausmaß für das Heranziehen des Armes und weniger als 180 Grad für das Nach-außen-oben-Führen des Armes.	Einer eingeschränkten Schulterbeweglichkeit können auch krankhafte Prozeße im Schultergelenk zugrunde liegen.
T 8 Vor- und Rückführen des Armes im Schultergelenk	Sie befinden sich im Stand und führen Ihren Arm mit dem Handrücken zur Decke nach vorn-oben und nach hinten-oben.	Verkürzte Muskulatur: Sie erreichen weniger als 150 Grad beim Nach-vorn-oben-Führen und weniger als 40 Grad beim Nach-hinten-oben-Führen.	Einer eingeschränkten Schulterbeweglichkeit können auch krankhafte Prozesse im Schultergelenk zugrunde liegen.

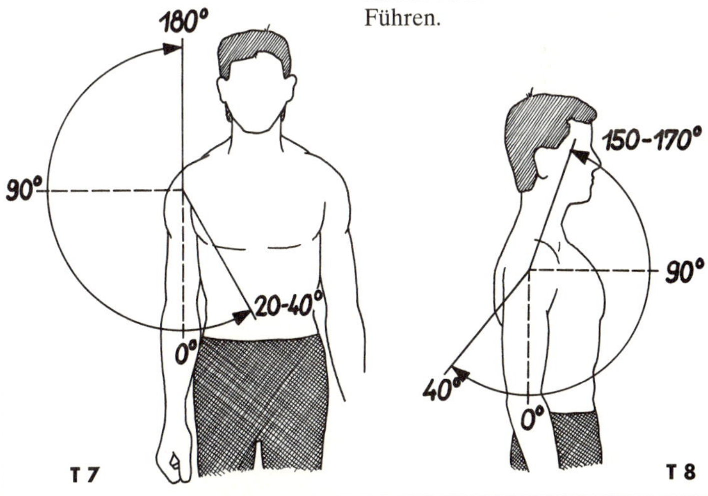

Verkürzungs-test	Durchführung	Interpretation	Anmerkungen
T 9 Ein- und Auswärtsdrehung des Armes im Schultergelenk	Sie befinden sich im Stand mit abgespreiztem und im Ellbogen um 90 Grad gewinkeltem Arm. Sie drehen den Arm im Schultergelenk nach ‹oben› und nach unten.	Erreichen Sie weniger als 70 Grad Bewegungsausmaß in beiden Bewegungsrichtungen, dann ist die Rotation im Schultergelenk eingeschränkt.	Einer eingeschränkten Schulterbeweglichkeit können auch krankhafte Prozesse im Schultergelenk zugrunde liegen.
T 10 Anbeugen des Beines im Hüftgelenk	Sie liegen auf dem Rücken und beugen Ihr Bein im Hüftgelenk maximal. Das andere Bein halten Sie gestreckt auf der Unterlage.	Erreichen Sie bei komplett aufliegendem Bein keine 130 Grad Beugung, dann ist Ihre Hüftbewegung eingeschränkt.	Achten Sie darauf, daß Ihr Becken beim Anbeugen des Beines nicht ‹kippt›.

T 9

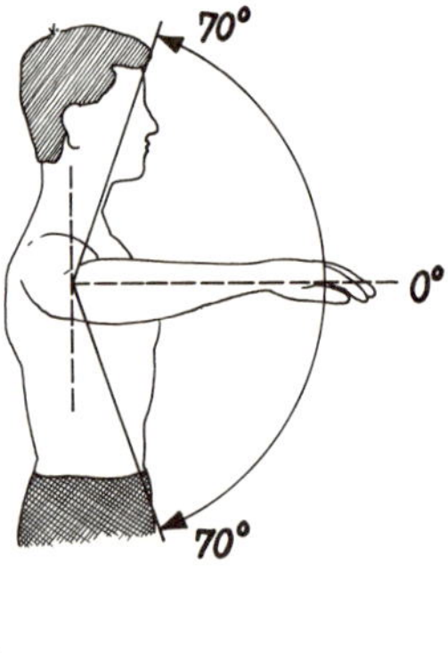

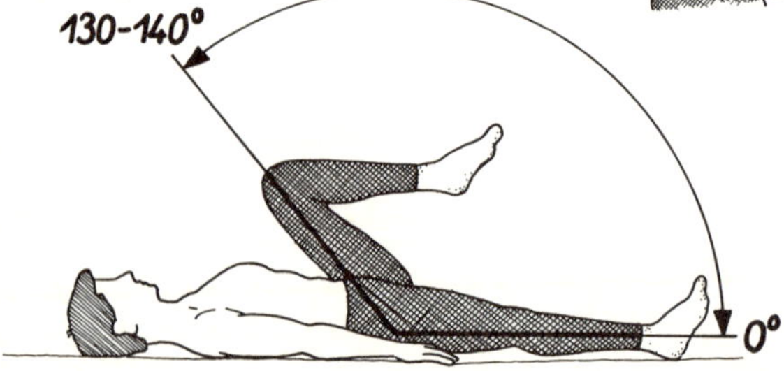

T 10

Verkürzungstest	Durchführung	Interpretation	Anmerkungen
T 11 Strecken des Beines im Hüftgelenk	Sie liegen mit dem Oberkörper auf einer Bank auf. Das Standbein ist vollständig gestreckt. Sie strecken nun das nach hinten-oben gebrachte Bein maximal im Hüftgelenk, dabei behalten beide Beckenkämme Kontakt zur Unterlage.	Wenn die Überstreckung des Beines im Hüftgelenk weniger als 10 Grad beträgt, ist die aktive Beweglichkeit im Hüftgelenk eingeschränkt.	Alternativ kann dieser Test auch auf dem Boden liegend durchgeführt werden.
T 12 An- und Abspreizen des Beines im Hüftgelenk	Sie liegen in Rückenlage auf dem Boden oder einer Bank. Sie spreizen das rechte Bein aktiv maximal an und folgend maximal ab, dabei ‹kippt› das Becken nicht zur Seite.	Wenn das Heranziehen (Adduktion) im Hüftgelenk weniger als 20 Grad und die Abduktion weniger als 30–45 Grad beträgt, ist die Beweglichkeit im Hüftgelenk eingeschränkt.	Eine eingeschränkte Beweglichkeit ist häufig an lagebedingt oder mit Erkrankungen des Hüftgelenkes (z. B. Coxarthrose) vergesellschaftet.

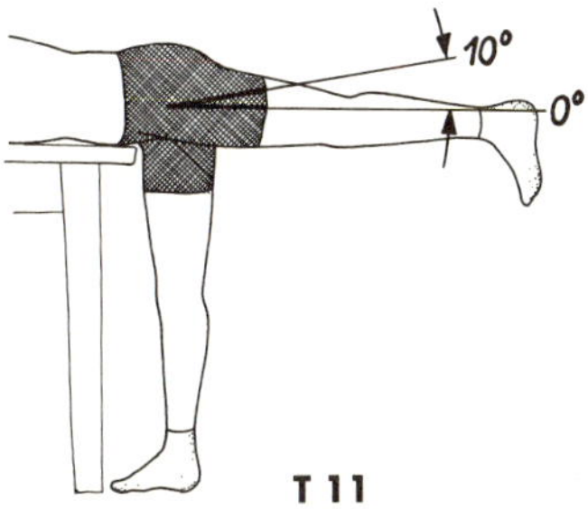

T 11

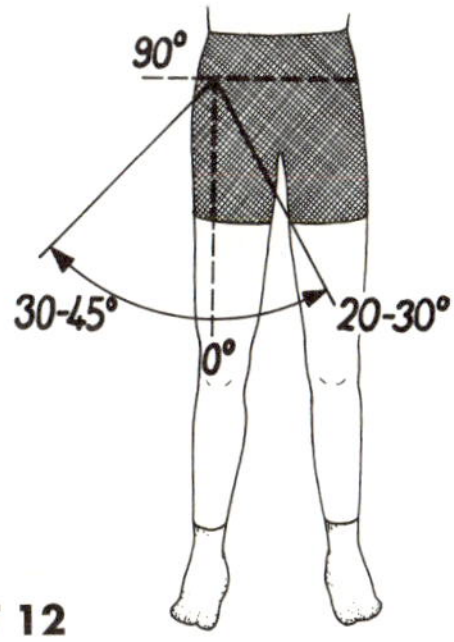

T 12

Verkürzungstest	Durchführung	Interpretation	Anmerkungen
T 13 Ein- und Auswärtsdrehung des Beines im Hüftgelenk	Sie liegen in Rückenlage auf dem Boden auf einer Bank. Sie beugen das Bein im Hüft- und Kniegelenk um 90 Grad und führen den Unterschenkel aktiv nach innen und nach außen.	Wenn Sie den Unterschenkel nicht mehr als 40–50 Grad nach innen und um 30–45 Grad nach außen führen können, ist Ihre Beweglichkeit im Hüftgelenk eingeschränkt.	Eine eingeschränkte Beweglichkeit ist häufig anlagebedingt oder mit Erkrankungen des Hüftgelenkes (z. B. Coxarthrose) vergesellschaftet. Den Unterschenkel nach innen zu führen bedeutet eine Außenrotation des Oberschenkels im Hüftgelenk; ein Nach-außen-Führen eine Innenrotation. Der Test kann ebenfalls auf einer Bank sitzend durchgeführt werden.

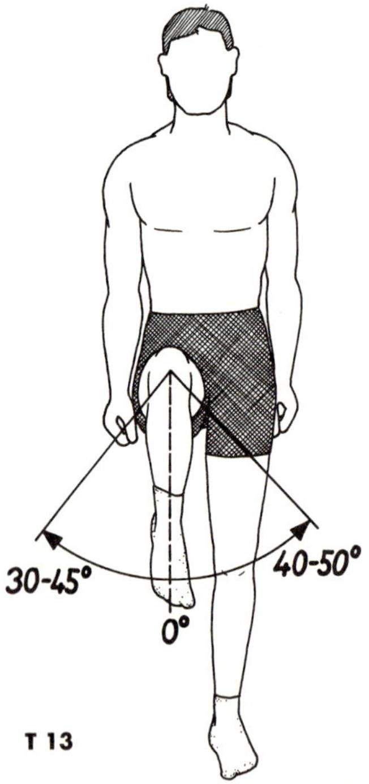

T 13

Verkürzungstest	**Durchführung**	**Interpretation**	**Anmerkungen**
T 14 Beugung des Beines im Kniegelenk	Sie befinden sich in Bauchlage und beugen ein Bein im Kniegelenk maximal an.	Wenn Sie das Kniegelenk nicht mehr als 120 Grad beugen können, ist die Beweglichkeit in Ihrem Kniegelenk eingeschränkt.	Nicht selten ist eine eingeschränkte Beuge- und Streckfähigkeit im Kniegelenk auf vorangegangene Verletzungen zurückzuführen, dann nur sehr vorsichtig und in Rücksprache mit dem behandelnden Arzt dehnen.

T 14

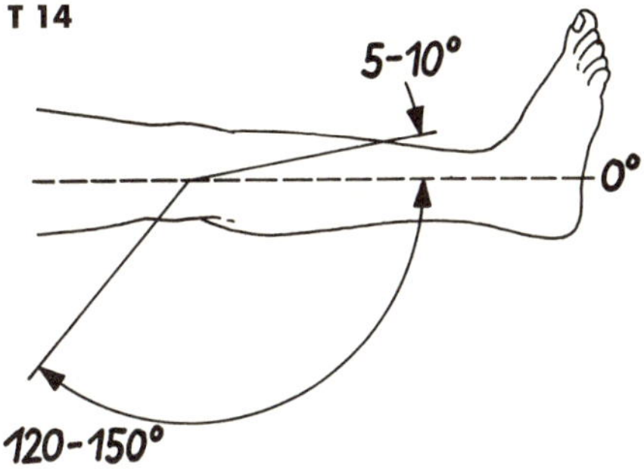

Verkürzungstest	**Durchführung**	**Interpretation**	**Anmerkungen**
T 15 Beugung und Streckung des Fußes im oberen Sprunggelenk	Sie befinden sich in der Rückenlage auf einer Matte oder Bank mit um 90 Grad gebeugtem Kniegelenk. Sie beugen und strecken Ihren Fuß maximal.	Wenn Sie den Fuß nicht mehr als 20 Grad beugen und um 40 Grad strecken können, dann liegt eine eingeschränkte Beweglichkeit in Ihrem oberen Sprunggelenk vor.	

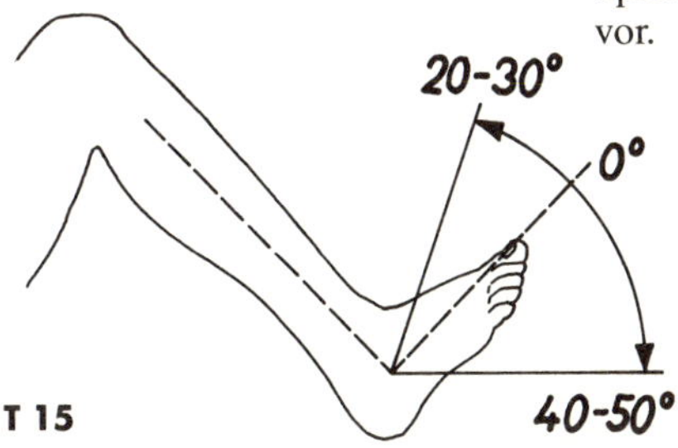

T 15

Allgemeines
Auf- und Abwärmen (A)

ÜBUNG A 1

Wirkung
Ganzkörperliche Erwärmung; Einstimmen auf die künftigen sportlichen Belastungen

Durchführung
Lockeres Traben über einen Mindestzeitraum von 10 Minuten; die Intensität soll so gewählt werden, daß Sie jederzeit sprechen können.

Anmerkung
Für Sportler, die ihre Laktatwerte kennen: Wählen Sie Ihre Laufgeschwindigkeit so, daß Sie im Laktatbereich von +/– 2 mmol laufen. Für die anderen Sportler gilt die Faustregel 220 minus Lebensalter minus 40 als Höchstgrenze der Herzfrequenz.

Einsatzmöglichkeiten			
Allgemeines Aufwärmen	●	Allgemeines Abwärmen	●
Spezielles Aufwärmen	❍	Spezielles Abwärmen	❍
Individuelles Aufwärmen		Individuelles Abwärmen	

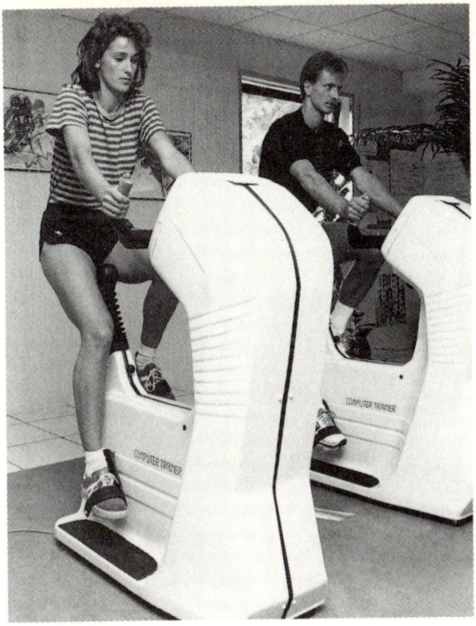

ÜBUNG A 2

Wirkung
Allgemeine Erwärmung; Einstimmen auf die künftigen sportlichen Belastungen

Durchführung
Lockeres Fahrradfahren über einen Mindestzeitraum von 10 Minuten; die Intensität soll so gewählt werden, daß Sie jederzeit sprechen können.

Anmerkung
Für Sportler, die ihre Laktatwerte kennen: Wählen Sie Ihre Tretgeschwindigkeit und den Tretwiderstand so, daß Sie im Laktatbereich von +/– 2 mmol fahren.
Für die anderen Sportler gilt die Faustregel 200 minus Lebensalter minus 40 als Höchstgrenze der Herzfrequenz.

Einsatzmöglichkeiten			
Allgemeines Aufwärmen	●	Allgemeines Abwärmen	●
Spezielles Aufwärmen	❍	Spezielles Abwärmen	❍
Individuelles Aufwärmen		Individuelles Abwärmen	

ÜBUNG A 3

Wirkung
Aktivierung und Tonisierung der Hüftbeuger

Durchführung
Wechselseitiges Beinheben: Aus dem Gehen heraus wird ein Bein langsam an den Körper bis auf einen Hüftgelenkwinkel von 90 Grad herangezogen; das Standbein bleibt im Knie- und Hüftgelenk vollständig gestreckt.
Variation: Mit dem gestreckten Standbein in den Zehenstand gehen.

Anmerkung
Diese Übung sollte mit einer Dehnung der ein- und zweigelenkigen Hüftbeuger vor- und nachbereitet werden (D 19).

Einsatzmöglichkeiten			
Allgemeines Aufwärmen	●	Allgemeines Abwärmen	●
Spezielles Aufwärmen	●	Spezielles Abwärmen	
Individuelles Aufwärmen		Individuelles Abwärmen	

ÜBUNG A 4

Wirkung
Aktivierung und Tonisierung der gesamten Beinbeuge- und Beinstreckschlinge

Durchführung
Weiträumiges, langsames Skipping: Aus dem lockeren Trab heraus wird das vordere Bein in der Hüfte gebeugt und das Knie nach vorn-oben gebracht. Das Standbein bleibt gestreckt, der Armeinsatz wird betont.

Anmerkung
Die Übung soll nicht so schnell wie möglich absolviert, sondern langsam und jederzeit unter muskulärer Kontrolle durchgeführt werden. Vor- und nachbereitend sollten besonders die ein- und zweigelenkigen Hüftbeuger (D 19, S. 140) gedehnt werden.

Einsatzmöglichkeiten		
Allgemeines Aufwärmen	●	Allgemeines Abwärmen
Spezielles Aufwärmen	●	Spezielles Abwärmen
Individuelles Aufwärmen	❍	Individuelles Abwärmen

ÜBUNG A 5

Wirkung

Aktivierung und Tonisierung der hinteren Oberschenkel- und Wadenmuskulatur

Durchführung

Anfersen: Aus dem lockeren Trab werden die Fersen an das Gesäß gebracht. Führen Sie mehrere Wiederholungen erst mit einem, dann mit dem anderen Bein aus.

Anmerkung

Verändern Sie während des Anfersens möglichst wenig Ihren Laufstil.

Einsatzmöglichkeiten			
Allgemeines Aufwärmen	●	Allgemeines Abwärmen	
Spezielles Aufwärmen	●	Spezielles Abwärmen	
Individuelles Aufwärmen	●	Individuelles Abwärmen	❍

ÜBUNG A 6

Wirkung
Aktivierung und Tonisierung der Hüftbeuger, Ab- und Adduktoren

Durchführung
Hürdenschritt: Aus dem Gehen heraus spreizen Sie Ihr im Kniegelenk gebeugtes Bein ab und führen es neben Ihrem Körper nach vorn.

Einsatzmöglichkeiten			
Allgemeines Aufwärmen	●	Allgemeines Abwärmen	
Spezielles Aufwärmen	●	Spezielles Abwärmen	❍
Individuelles Aufwärmen	●	Individuelles Abwärmen	❍

ÜBUNG A 7

Wirkung
Aktivierung und Tonisierung der Beinabspreizer

Durchführung
Beinabspreizen: Aus dem Stand wird ein Bein mehrfach nach außen abgespreizt, dabei findet die Bewegung nur im Hüftgelenk statt, das Becken kippt nicht seitlich weg, die Ferse des Spielbeins führt die Bewegung.

Anmerkung
Das Spielbein während der Bewegung nicht in der Hüfte nach außen drehen; kombinieren Sie die Übung mit der Dehnübung D 22 (S. 143).

Einsatzmöglichkeiten			
Allgemeines Aufwärmen	●	Allgemeines Abwärmen	
Spezielles Aufwärmen	●	Spezielles Abwärmen	
Individuelles Aufwärmen	●	Individuelles Abwärmen	❍

ÜBUNG A 8

Wirkung
Aktivierung und Tonisierung besonders der schrägen Rumpfmuskulatur

Durchführung
Seitüberkreuzlauf: Im Seitwärtslaufen werden Oberkörper und Becken kontrolliert gegeneinander verdreht.

Anmerkung
Nicht einsetzen bei Problemen im Lendenwirbelsäulenbereich.

Einsatzmöglichkeiten			
Allgemeines Aufwärmen	●	Allgemeines Abwärmen	●
Spezielles Aufwärmen	●	Spezielles Abwärmen	
Individuelles Aufwärmen	●	Individuelles Abwärmen	●

ÜBUNG A 9

Wirkung
Aktivierung und Tonisierung der Beinbeuger, Adduktoren und schrägen Rumpfmuskulatur

Durchführung
Aus dem Stand werden die Beine (Knie) und die Arme (Ellbogen) gegengleich wechselnd genähert; die Bewegung findet in den Extremitätengelenken statt, das Becken bleibt während der Bewegung ruhig und kippt nicht.

Anmerkung
Versuchen Sie einen individuellen Rhythmus zu finden.

Einsatzmöglichkeiten			
Allgemeines Aufwärmen	●	Allgemeines Abwärmen	●
Spezielles Aufwärmen	●	Spezielles Abwärmen	
Individuelles Aufwärmen	●	Individuelles Abwärmen	●

ÜBUNG A 10

Wirkung
Aktivierung und Tonisierung der Sprunggelenk- und Fußmuskulatur

Durchführung
Aus dem Gang arbeiten Sie nur mit der Sprunggelenkmuskulatur. Sie strecken die Füße im schnellen Wechsel, der ‹Höhengewinn› des Körpers erfolgt aus der Streckung der Sprunggelenke.

Anmerkung
Variieren Sie ganz bewußt die Geschwindigkeit der Durchführung; kombinieren Sie diese Übung mit der Übung D 23 (a und b, S. 144).

Einsatzmöglichkeiten			
Allgemeines Aufwärmen	●	Allgemeines Abwärmen	
Spezielles Aufwärmen	●	Spezielles Abwärmen	
Individuelles Aufwärmen	●	Individuelles Abwärmen	●

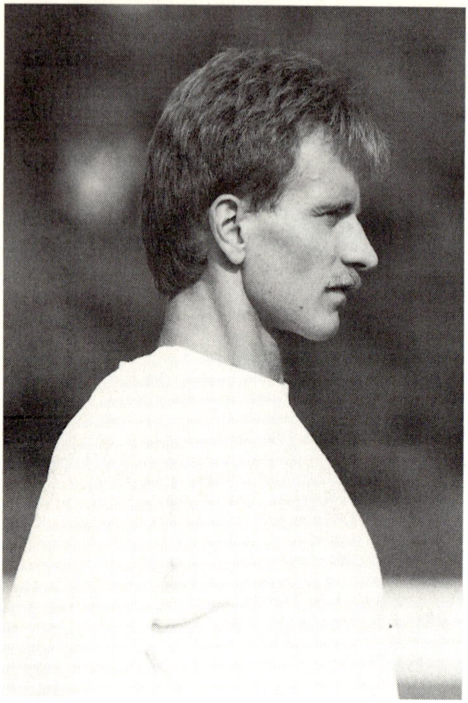

ÜBUNG A 11

Wirkung
Aktivierung und Tonisierung der Schulterheber

Durchführung
Die Schultern werden im Wechsel aktiv angehoben und aktiv abgesenkt.
Variationen: Die Schultern vorwärts und rückwärts kreisen (Foto).

Anmerkung
Bei verkürzten Schulterhebern diese Übung nur dosiert einsetzen und mit Dehnungen (vgl. Übung D 1 bis D 4) kombinieren.

Einsatzmöglichkeiten			
Allgemeines Aufwärmen	●	Allgemeines Abwärmen	❍
Spezielles Aufwärmen	●	Spezielles Abwärmen	
Individuelles Aufwärmen	●	Individuelles Abwärmen	●

ÜBUNG A 12

Wirkung

Aktivierung und Tonisierung der seitlichen Rumpfmuskulatur

Durchführung

Seitbeugen: Aus dem schulterbreiten Stand beugen Sie mit hinter dem Kopf verschränkten Armen Ihren Oberkörper zur Seite; achten Sie darauf, daß Sie Ihren Körper nicht verdrehen.

Variation: Beide Arme sind während der Übung nach oben gestreckt, der obere Arm führt die Bewegung.

Einsatzmöglichkeiten			
Allgemeines Aufwärmen	●	Allgemeines Abwärmen	●
Spezielles Aufwärmen	●	Spezielles Abwärmen	
Individuelles Aufwärmen	●	Individuelles Abwärmen	●

ÜBUNG A 13

Wirkung
Aktivierung, Kräftigung und Tonisierung besonders der schrägen Rumpfmuskulatur

Durchführung
Seitdrehen: Sie stehen im schulterbreiten Stand und halten die Arme im Nacken verschränkt. Sie drehen Ihren Oberkörper langsam und kontrolliert erst zur einen, dann zur anderen Seite.

Einsatzmöglichkeiten			
Allgemeines Aufwärmen	●	Allgemeines Abwärmen	●
Spezielles Aufwärmen	●	Spezielles Abwärmen	●
Individuelles Aufwärmen	●	Individuelles Abwärmen	●

ÜBUNG A 14

Wirkung

Aktivierung der gesamten Muskulatur; ganzkörperliche Erwärmung; Einstimmen auf die künftigen sportlichen Belastungen

Durchführung

Hampelmann: Während des Springens spreizen Sie die Beine und führen sie wieder zusammen, gleichzeitig werden die Arme gehoben und gesenkt.

Einsatzmöglichkeiten			
Allgemeines Aufwärmen	●	Allgemeines Abwärmen	●
Spezielles Aufwärmen		Spezielles Abwärmen	
Individuelles Aufwärmen		Individuelles Abwärmen	

ÜBUNG A 15

Wirkung
Aktivierung und Tonisierung der Schultergürtel- und der Rumpfmuskulatur

Durchführung
Aus dem Gehen werden wechselweise der linke und der rechte Arm gegengleich nach oben-hinten und nach unten-hinten geführt, der gesamte Körper wird dabei gestreckt.

Anmerkung
‹Führen› Sie die Bewegung der Arme, ‹schlagen› Sie die Arme nicht in die Endpositionen.

Einsatzmöglichkeiten	
Allgemeines Aufwärmen ●	Allgemeines Abwärmen ●
Spezielles Aufwärmen	Spezielles Abwärmen
Individuelles Aufwärmen	Individuelles Abwärmen

ÜBUNG A 16

Wirkung
Aktivierung und Tonisierung der Schulter-, Rücken- und Brustmuskulatur; ganzkörperliche Erwärmung; Einstimmen auf die künftigen sportlichen Belastungen

Durchführung
Armschwingen: Im lockeren Lauf werden die Arme von vorn nach hinten und wieder nach vorn geführt.
Variationen: Beim Vor- und Rückführen werden die Arme im Schultergelenk ein- und ausgedreht.
Die Arme werden in verschiedenen Höhen nach vorn und nach hinten geführt.

Anmerkung
Die Arme nicht schnell und ruckartig bewegen, sondern langsam und gleichmäßig unter ständiger Kontrolle in die Endpositionen führen.

Einsatzmöglichkeiten			
Allgemeines Aufwärmen	●	Allgemeines Abwärmen	●
Spezielles Aufwärmen		Spezielles Abwärmen	
Individuelles Aufwärmen		Individuelles Abwärmen	

ÜBUNG A 17

Wirkung
Ganzkörperliche Erwärmung; Einstimmen auf die künftigen sportlichen Belastungen

Durchführung
Laufen Sie locker rückwärts, achten Sie auf ein gleichmäßiges Tempo und einen symmetrischen, harmonischen Laufstil.

Anmerkung
Gerade in den Spielsportarten wie Handball, Basketball, Fußball u. a. ist ein großer Anteil der Spielaktionen von Seitwärts- und Rückwärtslaufen gekennzeichnet.

Einsatzmöglichkeiten			
Allgemeines Aufwärmen	●	Allgemeines Abwärmen	●
Spezielles Aufwärmen		Spezielles Abwärmen	
Individuelles Aufwärmen		Individuelles Abwärmen	

ÜBUNG A 18

Wirkung
Aktivierung und Tonisierung der Beinabspreizer; ganzkörperliche Erwärmung und Tonisierung; Einstimmen auf die künftigen sportlichen Belastungen

Durchführung
Sie laufen seitwärts und spreizen das Spielbein bewußt weit nach außen ab, die Ferse führt die Abspreizbewegung.

Anmerkung
Gerade in den Spielsportarten wie Handball, Basketball, Fußball u. a. ist ein großer Anteil der Spielaktionen von Seitwärts- und Rückwärtslaufen gekennzeichnet.

Einsatzmöglichkeiten			
Allgemeines Aufwärmen	●	Allgemeines Abwärmen	●
Spezielles Aufwärmen		Spezielles Abwärmen	
Individuelles Aufwärmen	●	Individuelles Abwärmen	●

ÜBUNG A 19

Wirkung
Ganzkörperliche Erwärmung und Tonisierung; Einstimmen auf die künftigen sportlichen Belastungen

Durchführung
Vorwärts, seitwärts, rückwärts laufen: Sie laufen mit kurzen Schritten und verändern häufig Ihre Laufrichtung. Wenn Sie seitlich und rückwärts laufen, stellen Sie sich vor, daß Sie einen gegnerischen Sportler nicht vorbeilassen wollen; gehen Sie alle Bewegungen des ‹anderen› mit.

Anmerkung
Gerade in den Spielsportarten wie Handball, Basketball, Fußball u. a. ist ein großer Anteil der Spielaktionen von Seitwärts- und Rückwärtslaufen gekennzeichnet.

Einsatzmöglichkeiten			
Allgemeines Aufwärmen	●	Allgemeines Abwärmen	●
Spezielles Aufwärmen	●	Spezielles Abwärmen	●
Individuelles Aufwärmen	●	Individuelles Abwärmen	●

ÜBUNG A 20

Wirkung
Aktivierung, Kräftigung und Tonisierung der Beinstreckschlinge

Durchführung
Sie gehen in den vorderen Ausfallschritt und wippen einige Male nach.

Anmerkung
Achten Sie auf einen geraden Rücken.

Einsatzmöglichkeiten			
Allgemeines Aufwärmen	●	Allgemeines Abwärmen	
Spezielles Aufwärmen		Spezielles Abwärmen	
Individuelles Aufwärmen	●	Individuelles Abwärmen	

ÜBUNG A 21

Wirkung
Aktivierung und Tonisierung der Hüftbeuger-, Adduktoren- und der schrägen Rumpfmuskulatur; ganzkörperliche Erwärmung und Tonisierung; Einstimmen auf die künftigen sportlichen Belastungen

Durchführung
Seitüberkreuzgang: Aus dem Gehen heraus spreizen Sie Ihr im Kniegelenk um 90 Grad gebeugtes Bein ab und führen es halbkreisförmig neben Ihrem Körper nach vorn.

Einsatzmöglichkeiten			
Allgemeines Aufwärmen	●	Allgemeines Abwärmen	
Spezielles Aufwärmen	●	Spezielles Abwärmen	
Individuelles Aufwärmen	●	Individuelles Abwärmen	

ÜBUNG A 22

Wirkung
Aktivierung, Kräftigung und Tonisierung der gesamten Beinstreckschlinge, ganzkörperliche Erwärmung und Tonisierung; Einstimmen auf die künftigen sportlichen Belastungen

Durchführung
Sprunglauf: Mit großen, weiten Schritten unter bewußtem Beinabdruck und gezieltem Armeinsatz werden mit jedem Sprung maximale Raumgewinne angestrebt.

Anmerkung
Die Übung soll erst nach ausreichender Vorbereitung am Ende des Aufwärmens eingesetzt werden; sie entwickelt u. a. die Kraft der Beinstreckschlinge und führt, inklusive der koordinativen Gewinne, zu einer Verbesserung der Laufgeschwindigkeit.

Einsatzmöglichkeiten			
Allgemeines Aufwärmen		Allgemeines Abwärmen	
Spezielles Aufwärmen	●	Spezielles Abwärmen	
Individuelles Aufwärmen	●	Individuelles Abwärmen	

Vor- und nachbereitendes Dehnen (D)

ÜBUNG D 1

Wirkung
Dehnung der seitlichen Hals- und Nackenmuskulatur

Durchführung
Sie stehen im schulterbreiten Stand und ziehen mit der linken Hand Ihren Kopf in Seitneigung, während Sie die rechte Hand in Richtung Boden drücken.

Anmerkung
Während der gesamten Übung schauen Sie nach vorn; drehen Sie den Kopf nicht zu einer Seite (Ausweichbewegung).

Einsatzmöglichkeiten			
Allgemeines Aufwärmen	❍	Allgemeines Abwärmen	❍
Spezielles Aufwärmen	●	Spezielles Abwärmen	●
Individuelles Aufwärmen	●	Individuelles Abwärmen	●

ÜBUNG D 2

Wirkung
Dehnung der Schulterblattmuskulatur

Durchführung
Sie stehen im schulterbreiten Stand, beide Arme werden bis zur völligen Streckung der Ellbogen nach vorn geschoben.

Anmerkung
Versuchen Sie während der Übung nachzuspüren, wie sich Ihre Schulterblätter nach seitlich-vorn schieben.

Einsatzmöglichkeiten			
Allgemeines Aufwärmen	❍	Allgemeines Abwärmen	❍
Spezielles Aufwärmen	●	Spezielles Abwärmen	●
Individuelles Aufwärmen	●	Individuelles Abwärmen	●

ÜBUNG D 3

Wirkung
Dehnung der breiten Rückenmuskulatur und des hinteren Anteils des Deltamuskels

Durchführung
Sie stehen im schulterbreiten Stand und ziehen den Ellbogen des angewinkelten Arms in Richtung des gegenüberliegenden Schultergelenks.

Einsatzmöglichkeiten			
Allgemeines Aufwärmen	❍	Allgemeines Abwärmen	❍
Spezielles Aufwärmen	●	Spezielles Abwärmen	●
Individuelles Aufwärmen	●	Individuelles Abwärmen	●

ÜBUNG D 4

Wirkung
Dehnung der Ellbogenstrecker und der Schulterblattmuskulatur

Durchführung
Sie führen den gebeugten Arm hinter Ihren Kopf, der Oberkörper wird gerade gehalten, der nach hinten-oben gebrachte Arm soll im Ellbogengelenk maximal gebeugt werden.

Anmerkung
Nicht mit dem Kopf nach vorn ausweichen.

Einsatzmöglichkeiten			
Allgemeines Aufwärmen	❍	Allgemeines Abwärmen	❍
Spezielles Aufwärmen	●	Spezielles Abwärmen	●
Individuelles Aufwärmen	●	Individuelles Abwärmen	●

ÜBUNG D 5

Wirkung
Dehnung der Brustmuskulatur und der Ellbogenbeuger

Durchführung
Sie stehen seitlich an einer Wand. Sie führen den gestreckten Arm nach hinten und gehen so weit nach vorn, daß Sie in der Brustmuskulatur Spannung verspüren. Um diese zu verstärken, können Sie nun Ihren Oberkörper etwas ‹ausdrehen›.

Variationen: Durch höheres Halten des Armes dehnen Sie vermehrt die unteren Anteile der Brustmuskulatur, durch tieferes Halten dehnen Sie vermehrt die oberen Anteile der Brustmuskulatur.

Einsatzmöglichkeiten			
Allgemeines Aufwärmen	❍	Allgemeines Abwärmen	❍
Spezielles Aufwärmen	●	Spezielles Abwärmen	●
Individuelles Aufwärmen	●	Individuelles Abwärmen	●

ÜBUNG D 6

Wirkung
Dehnung der Brustmuskulatur, besonders des unteren Anteils und der Ellbogenbeuger

Durchführung
Sie stehen vor einer Hürde (Tisch, Lehne o. ä.) und legen die gestreckten Arme auf; unter bewußter Entspannung wird die Brustmuskulatur gedehnt.

Anmerkung
Halten Sie den Kopf bewußt in Verlängerung der Körperachse, bei Ischiasproblemen nur vorsichtig einsetzen.

Einsatzmöglichkeiten			
Allgemeines Aufwärmen	❍	Allgemeines Abwärmen	❍
Spezielles Aufwärmen	●	Spezielles Abwärmen	●
Individuelles Aufwärmen	●	Individuelles Abwärmen	●

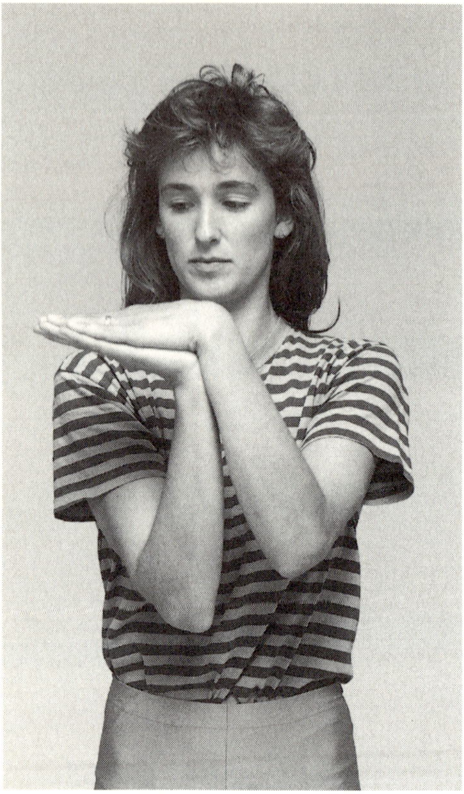

ÜBUNG D 7

Wirkung
Dehnung der Handgelenkbeuger

Durchführung
Bei möglichst parallelen Unterarmen wird die Hand wechselweise von einer Seite zur anderen ‹umgeklappt›.

Einsatzmöglichkeiten			
Allgemeines Aufwärmen	❍	Allgemeines Abwärmen	❍
Spezielles Aufwärmen	●	Spezielles Abwärmen	●
Individuelles Aufwärmen	●	Individuelles Abwärmen	●

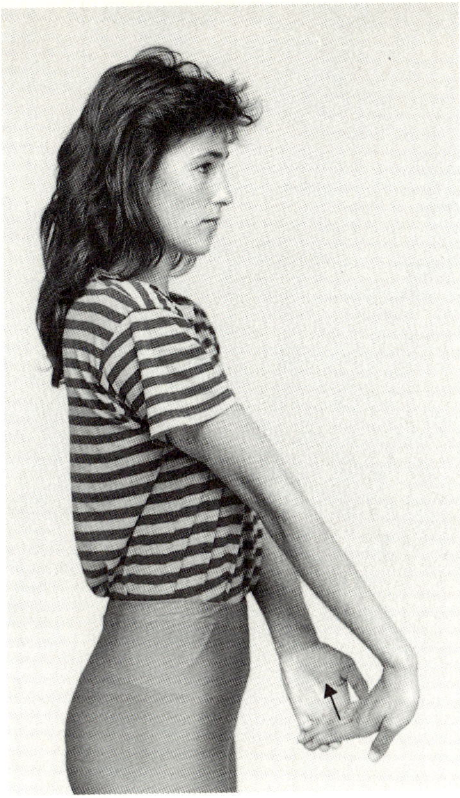

ÜBUNG D 8

Wirkung
Dehnung der Handgelenk- und Fingerbeuger

Durchführung
Halten Sie die Hand wie gezeigt, und beginnen Sie die Dehnung mit leicht gebeugtem Ellbogen, den Sie während des Dehnens zu strecken versuchen; die Innenseite des Armes zeigt nach vorn (Endposition).

Einsatzmöglichkeiten			
Allgemeines Aufwärmen		Allgemeines Abwärmen	
Spezielles Aufwärmen	●	Spezielles Abwärmen	●
Individuelles Aufwärmen	●	Individuelles Abwärmen	●

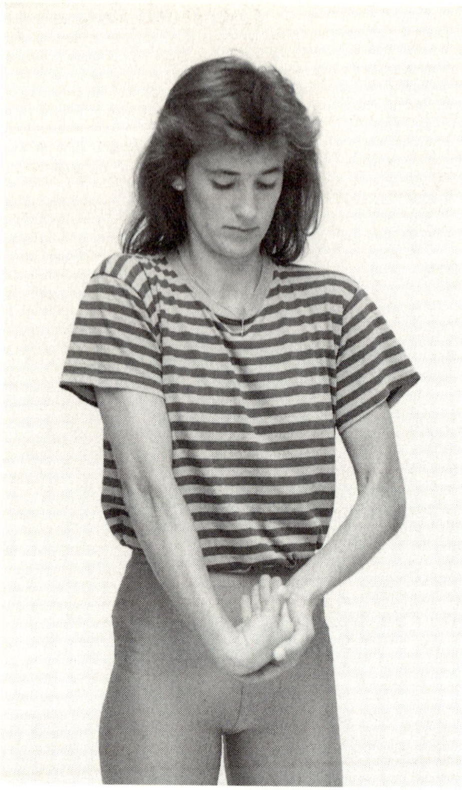

ÜBUNG D 9

Wirkung
Dehnung der Handgelenkstrecker

Durchführung
Halten Sie die Hand wie gezeigt, und strecken Sie nun den Ellbogen bei gleichzeitiger leichter Innendrehung des Armes.

Einsatzmöglichkeiten	
Allgemeines Aufwärmen	Allgemeines Abwärmen
Spezielles Aufwärmen ●	Spezielles Abwärmen ●
Individuelles Aufwärmen ●	Individuelles Abwärmen ●

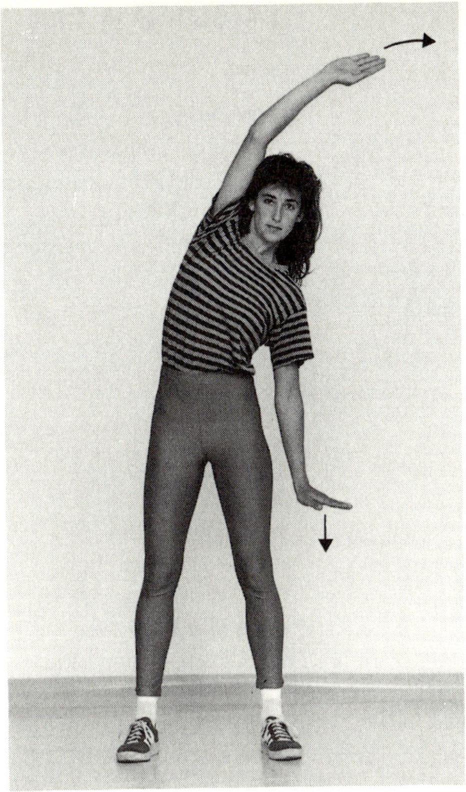

ÜBUNG D 10

Wirkung
Dehnung (und contralaterale Kräftigung) der seitlichen Rumpfmuskulatur

Durchführung
Sie stehen im schulterbreiten Stand und führen den gestreckten Arm bei leichter Seitneigung des Rumpfes über Ihren Kopf.

Einsatzmöglichkeiten			
Allgemeines Aufwärmen	●	Allgemeines Abwärmen	❍
Spezielles Aufwärmen	●	Spezielles Abwärmen	❍
Individuelles Aufwärmen	●	Individuelles Abwärmen	❍

ÜBUNG D 11

Wirkung
Dehnung der kurzen Wirbelsäulenmuskulatur und Mobilisation des unteren Brust- und des Lendenwirbelsäulenbereichs

Durchführung
Aus dem Kniestand gehen Sie langsam und gleichmäßig in die ‹Katzenbuckelposition›, von der Sie in die ‹Hohlkreuzposition› überwechseln.

Anmerkung
Vorsichtig einsetzen bei hypermobilen Wirbelsäulensegmenten und ausgeprägtem Hohlkreuz.

Einsatzmöglichkeiten			
Allgemeines Aufwärmen	●	Allgemeines Abwärmen	●
Spezielles Aufwärmen	●	Spezielles Abwärmen	❍
Individuelles Aufwärmen	●	Individuelles Abwärmen	●

ÜBUNG D 12

Wirkung
Dehnung der tiefen Rückenmuskulatur; Mobilisation des Lendenwirbelsäulenbereichs

Durchführung
In Rückenlage wird das linke Bein ca. 80–90 Grad gebeugt und über den Körper gebracht; dabei bleibt der Oberkörper in vollständigem Kontakt mit der Unterlage.

Einsatzmöglichkeiten			
Allgemeines Aufwärmen	❍	Allgemeines Abwärmen	❍
Spezielles Aufwärmen	❍	Spezielles Abwärmen	❍
Individuelles Aufwärmen	❍	Individuelles Abwärmen	❍

ÜBUNG D 13

Wirkung

Dehnung der Gesäß- und der tiefen Rückenmuskulatur

Durchführung

Sie ziehen Ihre Beine zur Brust, bei gleichzeitigem Anheben des Kopfes.

Einsatzmöglichkeiten			
Allgemeines Aufwärmen	●	Allgemeines Abwärmen	●
Spezielles Aufwärmen	●	Spezielles Abwärmen	●
Individuelles Aufwärmen	●	Individuelles Abwärmen	●

ÜBUNG D 14

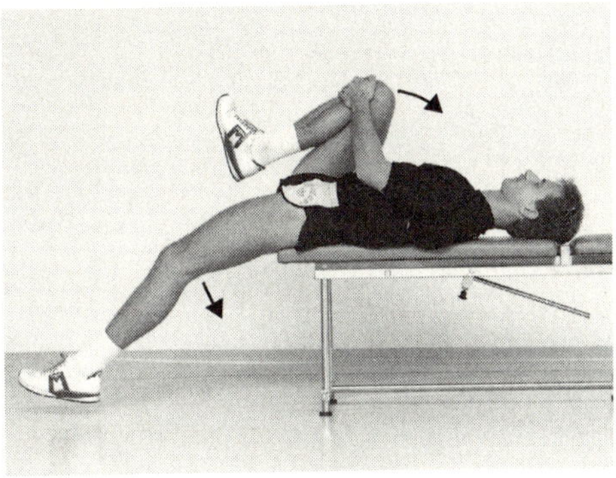

Wirkung
Dehnung der Gesäßmuskulatur und der Hüftbeuger auf der jeweils gegenüberliegenden Seite

Durchführung
In Rückenlage ziehen Sie das umfaßte Bein zum Körper, während Sie das gestreckte Bein aktiv am Boden halten; die Fußspitzen sind zum Körper hin angezogen. Variation: Führen Sie die gleiche Übung auf einer Bank (o. ä.) durch; die Dehnwirkung auf die Hüftbeuger wird dann verstärkt.

Anmerkung
Wenn Sie das gestreckte Bein nicht am Boden halten können, sind Ihre Hüftbeuger verkürzt.

Einsatzmöglichkeiten			
Allgemeines Aufwärmen	●	Allgemeines Abwärmen	●
Spezielles Aufwärmen	●	Spezielles Abwärmen	●
Individuelles Aufwärmen	●	Individuelles Abwärmen	●

ÜBUNG D 15

Wirkung
Komplexe Dehnung der Gesäß-, Hüftbeuge- und Wadenmuskulatur

Durchführung
Sie setzen Ihr Bein auf eine Hürde, Sportplatzumrandung o. ä. auf. Bringen Sie den Oberschenkel bei möglichst vollständig gestrecktem hinterem Bein an den Körper heran.

Anmerkung
Halten Sie während der gesamten Dehnung Ihren Rücken gerade.

Einsatzmöglichkeiten			
Allgemeines Aufwärmen	●	Allgemeines Abwärmen	●
Spezielles Aufwärmen	●	Spezielles Abwärmen	●
Individuelles Aufwärmen	●	Individuelles Abwärmen	●

ÜBUNG D 16

Wirkung
Komplexe Dehnung der hinteren Oberschenkel- und der Wadenmuskulatur

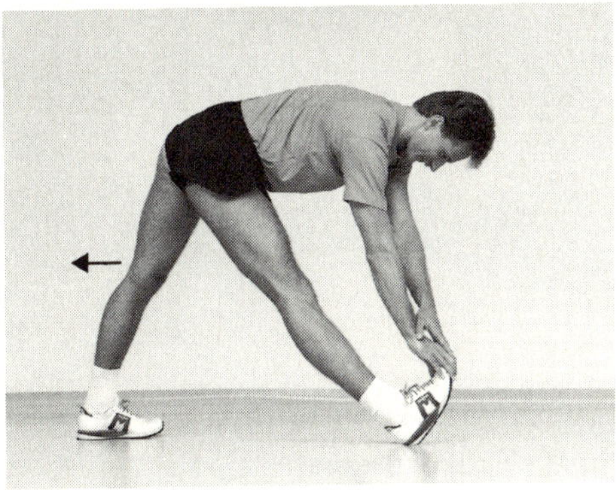

Durchführung
Im vorderen Ausfallschritt umfassen Sie mit beiden Händen den Knöchel des vorderen, gebeugten Beins. Das Bein wird gestreckt und die Fußspitze zum Körper hin angezogen.

Anmerkung
Halten Sie während der gesamten Dehnung Ihren Rücken gerade.

Einsatzmöglichkeiten			
Allgemeines Aufwärmen	●	Allgemeines Abwärmen	●
Spezielles Aufwärmen	●	Spezielles Abwärmen	●
Individuelles Aufwärmen	●	Individuelles Abwärmen	●

ÜBUNG D 17

Wirkung
Dehnung der hinteren Oberschenkel- und der Wadenmuskulatur

Durchführung
In Rückenlage ziehen Sie das im Knie gebeugte obere Bein dicht an den Körper und strecken es nun; abschließend kippen Sie aktiv die Fußspitze zum Körper hin. Das obere Bein ist in der Hüfte so weit gebeugt, daß eine vollständige Streckung im Kniegelenk nicht möglich ist. Das untere Bein wird aktiv gestreckt und auf der Unterlage gehalten.

Anmerkung
Wenn Sie das gestreckte untere Bein nicht am Boden halten können, dann sind Ihre Hüftbeuger verkürzt.

Einsatzmöglichkeiten			
Allgemeines Aufwärmen	●	Allgemeines Abwärmen	●
Spezielles Aufwärmen	●	Spezielles Abwärmen	●
Individuelles Aufwärmen	●	Individuelles Abwärmen	●

ÜBUNG D 18

Wirkung
Dehnung der hinteren Oberschenkelmuskulatur

Durchführung
Sie stehen vor einer Hürde und legen das vordere Bein gestreckt auf, die Fußspitze ist zum Körper hin angezogen, die Hände stützen sich an der Hüfte ab. Nun beugen Sie sich bei geradem Oberkörper maximal weit nach vorn.

Einsatzmöglichkeiten			
Allgemeines Aufwärmen	●	Allgemeines Abwärmen	●
Spezielles Aufwärmen	●	Spezielles Abwärmen	●
Individuelles Aufwärmen	●	Individuelles Abwärmen	●

ÜBUNG D 19

Wirkung
Dehnung der Kniestrecker und Hüftgelenkbeuger

Durchführung
Im Schrittkniestand ziehen Sie den Fuß des hinteren Beins an das Gesäß heran. Schieben Sie Ihre Hüfte aktiv so weit nach vorn, daß Sie mit der Ferse Ihr Gesäß nicht berühren können; Sie können die Dehnung auf diese Art und Weise hervorragend dosieren.

Anmerkung
Halten Sie während der gesamten Dehnung Ihren Rücken gerade.

Einsatzmöglichkeiten			
Allgemeines Aufwärmen	●	Allgemeines Abwärmen	●
Spezielles Aufwärmen	●	Spezielles Abwärmen	●
Individuelles Aufwärmen	●	Individuelles Abwärmen	●

ÜBUNG D 20

Wirkung
Dehnung der Adduktoren

Durchführung
Im Schneidersitz, die Fußsohlen stoßen aneinander, bringen Sie die Knie aktiv nach unten.

Anmerkung
Achten Sie bei dieser Übung ganz besonders auf einen geraden Rücken, Ihr Becken darf nicht nach hinten kippen!

Einsatzmöglichkeiten			
Allgemeines Aufwärmen	●	Allgemeines Abwärmen	●
Spezielles Aufwärmen	●	Spezielles Abwärmen	●
Individuelles Aufwärmen	●	Individuelles Abwärmen	●

ÜBUNG D 21

Wirkung
Dehnung der Adduktoren

Durchführung
Im Seitgrätschstand ist das Körpergewicht auf das gebeugte Bein verlagert, die Fußspitze des gestreckten Beins zeigt nach vorn. Gehen Sie so tief, daß Sie eine Dehnung spüren, verlagern Sie dabei Ihr Gewicht auf das gebeugte Bein.

Variationen:
- Das gestreckte Bein wird nach innen und nach außen rotiert; Sie erreichen dadurch verschiedene Anteile Ihrer Adduktoren.
- Das anfänglich gestreckte Bein wird nach einiger Zeit leicht gebeugt.

Anmerkung
Achten Sie auf einen geraden Rücken.

Einsatzmöglichkeiten			
Allgemeines Aufwärmen	●	Allgemeines Abwärmen	●
Spezielles Aufwärmen	●	Spezielles Abwärmen	●
Individuelles Aufwärmen	●	Individuelles Abwärmen	●

ÜBUNG D 22

Wirkung
Dehnung der Gesäß- und tiefen Rückenmuskulatur

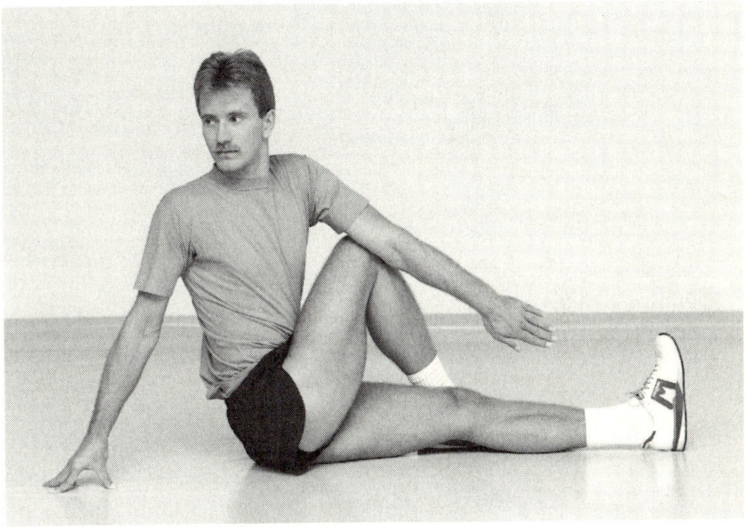

Durchführung
Im Langsitz ist das rechte Bein übergeschlagen und steht oberhalb des linken Kniegelenks neben dem Oberschenkel auf. Sie verwringen nun den Rumpf und drücken mit dem linken Ellbogen das rechte Kniegelenk nach innen.

Einsatzmöglichkeiten			
Allgemeines Aufwärmen	❍	Allgemeines Abwärmen	❍
Spezielles Aufwärmen	●	Spezielles Abwärmen	●
Individuelles Aufwärmen	●	Individuelles Abwärmen	●

ÜBUNG D 23

Wirkung
Dehnung der ein- und zweigelenkigen Wadenmuskulatur

Durchführung
Sie stützen sich an einer Wand ab und bringen Ihr hinteres Bein so weit nach hinten, daß Sie mit der Ferse gerade noch Kontakt zum Boden haben, das Kniegelenk ist vollkommen gestreckt. Variation: Nach einiger Zeit der Dehnung mit gestrecktem Knie wird das Kniegelenk gebeugt. Sie verspüren einen erhöhten Zug an der Achillessehne; es wird vermehrt der eingelenkige Anteil der Wadenmuskulatur gedehnt.

Anmerkung
Beim Abstützen an der Wand den Rücken gerade halten.

Einsatzmöglichkeiten			
Allgemeines Aufwärmen	●	Allgemeines Abwärmen	●
Spezielles Aufwärmen	●	Spezielles Abwärmen	●
Individuelles Aufwärmen	●	Individuelles Abwärmen	●

ÜBUNG D 24

Wirkung
Dehnung der langen Rückenstrecker; mentale Entspannung

Durchführung
Sie sitzen entspannt mit leicht gebeugten Beinen und lassen den Oberkörper locker nach vorn fallen.

Variationen: Zur Verstärkung der Dehnwirkungen lassen Sie den Oberkörper zwischen Ihre leicht gespreizten Beine fallen, oder setzen Sie sich auf einen Stuhl und lassen ebenfalls den Oberkörper zwischen die leicht gespreizten Beine fallen.

Einsatzmöglichkeiten		
Allgemeines Aufwärmen	Allgemeines Abwärmen	❍
Spezielles Aufwärmen	Spezielles Abwärmen	●
Individuelles Aufwärmen	Individuelles Abwärmen	●

Kräftigung/Tonisierung der Muskulatur (KT)

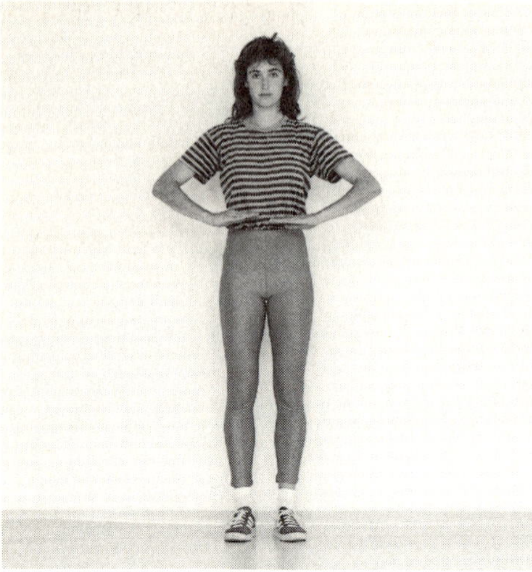

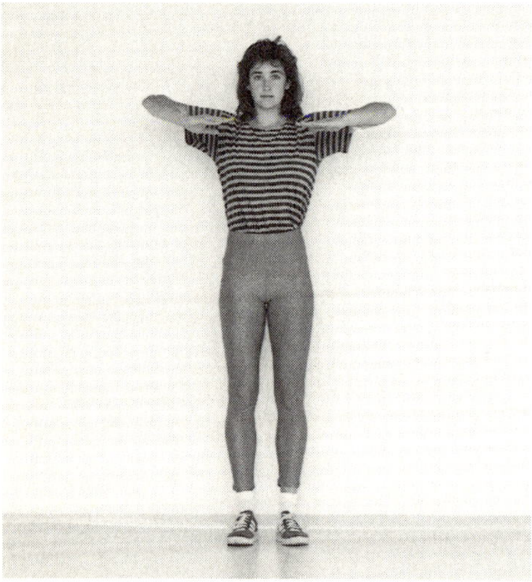

ÜBUNG KT 1

Wirkung
Kräftigung und Tonisierung der Schulterheber

Durchführung
Sie heben Ihre Arme bis auf Schulterhöhe an und führen sie wieder zurück. Üben Sie betont langsam!

Einsatzmöglichkeiten		
Allgemeines Aufwärmen	●	Allgemeines Abwärmen
Spezielles Aufwärmen	●	Spezielles Abwärmen
Individuelles Aufwärmen	●	Individuelles Abwärmen

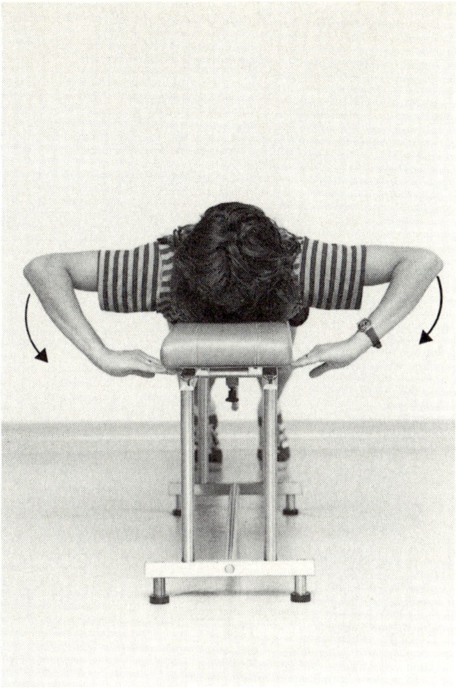

ÜBUNG KT 2

Wirkung
Kräftigung und Tonisierung der Schulterblattmuskulatur (Rhomboiden)

Durchführung
Sie liegen auf einer Bank o. ä. und führen Ihre Arme seitlich bis in Körperhöhe und zurück. Üben Sie betont langsam!

Einsatzmöglichkeiten		
Allgemeines Aufwärmen	●	Allgemeines Abwärmen
Spezielles Aufwärmen	●	Spezielles Abwärmen
Individuelles Aufwärmen	●	Individuelles Abwärmen

ÜBUNG KT 3

Wirkung

Kräftigung und Tonisierung der Schulter- und Armheber (Deltamuskulatur, mittlerer Anteil), bei Rotationen auch der Rotatorenmanschette

Durchführung

Im schulterbreiten Stand heben Sie die gestreckten Arme seitlich bis etwas über Schulterhöhe an; die Handrücken zeigen nach oben. Üben Sie betont langsam!
Variation: Beim Anheben die Arme im Schultergelenk rotieren.

Einsatzmöglichkeiten		
Allgemeines Aufwärmen	●	Allgemeines Abwärmen
Spezielles Aufwärmen	●	Spezielles Abwärmen
Individuelles Aufwärmen	●	Individuelles Abwärmen

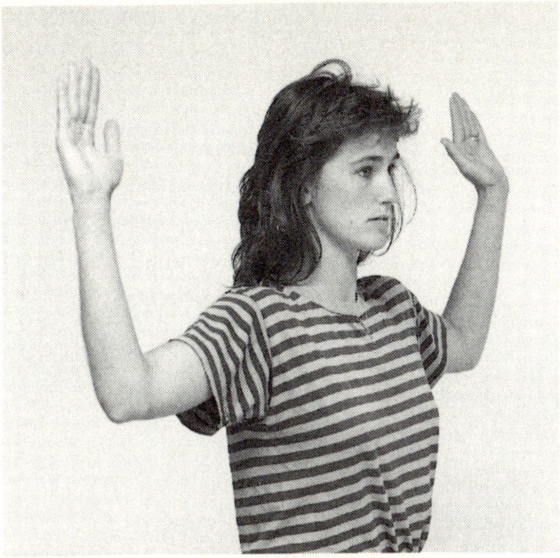

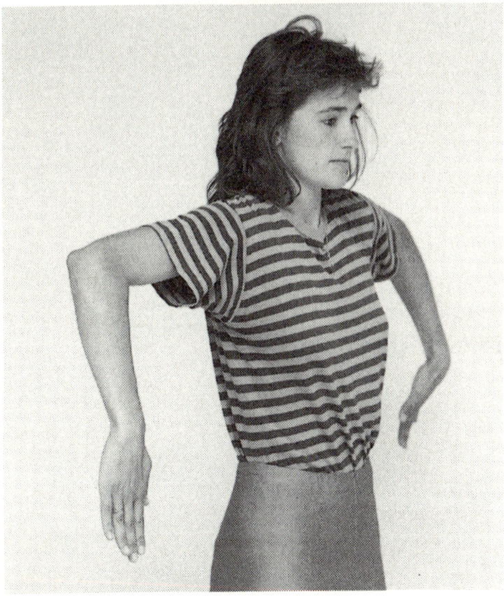

ÜBUNG KT 4

Wirkung
Kräftigung und Tonisierung der Schulterrotatoren

Durchführung
Schulterbreiter Stand, die Ellbogen sind rechtwinklig gebeugt, die Oberarme befinden sich in Schulterhöhe. ‹Drehen› Sie nun den Oberarm im Schultergelenk; führen Sie die Bewegung langsam und gleichmäßig durch.

Einsatzmöglichkeiten			
Allgemeines Aufwärmen	●	Allgemeines Abwärmen	
Spezielles Aufwärmen	●	Spezielles Abwärmen	
Individuelles Aufwärmen	●	Individuelles Abwärmen	●

ÜBUNG KT 5

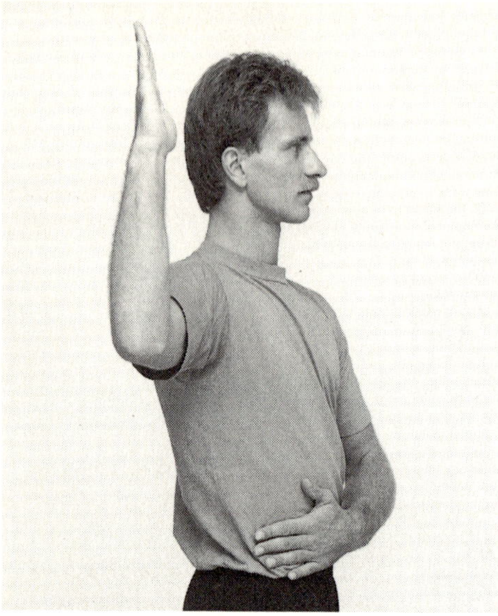

Wirkung
Kräftigung und Tonisierung der Schultergürtelheber und des Deltamuskels (mittlerer Anteil)

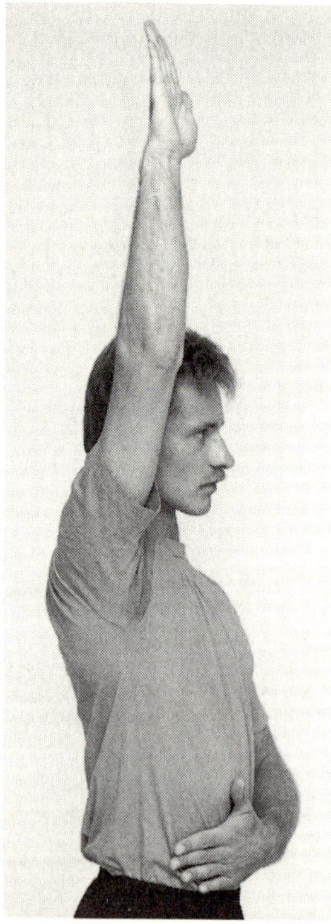

Durchführung
Sie führen den im Ellbogengelenk rechtwinklig gebeugten Arm langsam und gleichmäßig nach oben in die vollständige Streckung. Der Oberkörper bleibt gerade, kippt nicht zur Seite!

Einsatzmöglichkeiten			
Allgemeines Aufwärmen	●	Allgemeines Abwärmen	
Spezielles Aufwärmen	●	Spezielles Abwärmen	
Individuelles Aufwärmen	●	Individuelles Abwärmen	

ÜBUNG KT 6

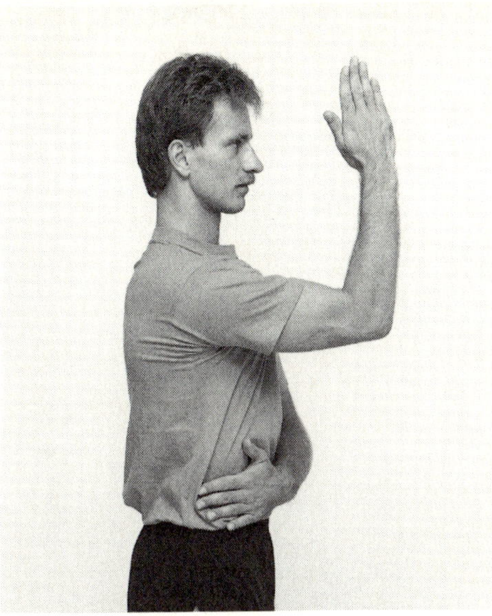

Wirkung
Kräftigung und Tonisierung der Arm-, Schulter- und Schulterblattmuskulatur

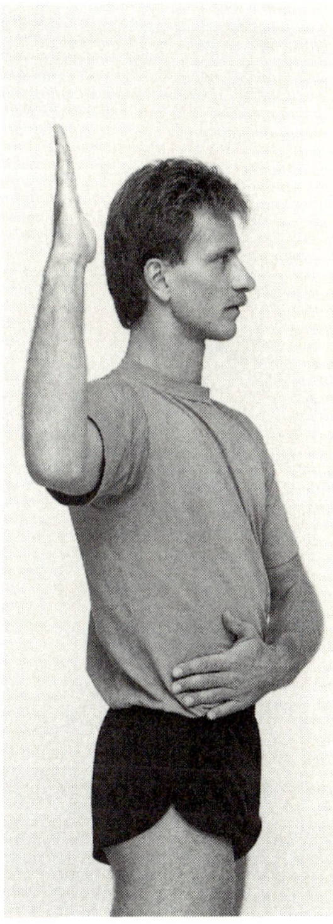

Durchführung
Rechtwinklig gebeugter Ellbogen, der Oberarm zeigt in Schulterhöhe nach vorn. Nun führen Sie den Arm nach außenhinten; der Oberarm bleibt dabei in Schulterhöhe. Üben Sie betont langsam!

Einsatzmöglichkeiten			
Allgemeines Aufwärmen	●	Allgemeines Abwärmen	
Spezielles Aufwärmen	●	Spezielles Abwärmen	
Individuelles Aufwärmen	●	Individuelles Abwärmen	❍

ÜBUNG KT 7

Wirkung
Kräftigung und komplexe Tonisierung, besonders des Schultergürtels und der Armmuskulatur

Durchführung
Sie führen mit leicht nach innen rotierenden Händen Liegestütze durch. Behalten Sie während der gesamten Übung einen geraden Rücken bei, stützen Sie sich nicht auf der Kniescheibe, sondern oberhalb der Kniescheibe ab.

Anmerkung
Kräftigere Sportler, die in der Lage sind, ihren Rumpf und Schultergürtel aktiv zu fixieren, können auch die konventionelle Form des Liegestützes durchführen (Füße aufgesetzt).

Einsatzmöglichkeiten		
Allgemeines Aufwärmen	●	Allgemeines Abwärmen
Spezielles Aufwärmen	●	Spezielles Abwärmen
Individuelles Aufwärmen	●	Individuelles Abwärmen

ÜBUNG KT 8

Wirkung
Komplexe Kräftigung und Tonisierung, besonders der Rücken-, Schulterblatt- und Schultermuskulatur

Durchführung
Sie liegen auf dem Bauch und heben leicht den Oberkörper an. Die Arme sind nach außen gestreckt, die Daumen zeigen nach oben.
Variationen:
- Während der Oberkörper angehoben ist, werden die Arme nach innen und außen rotiert.
- Während der Oberkörper angehoben ist, werden Brustschwimmbewegungen mit den Armen durchgeführt.

Anmerkung
Den Oberkörper nur leicht anheben, nicht zu sehr ins Hohlkreuz gehen.

Einsatzmöglichkeiten			
Allgemeines Aufwärmen	●	Allgemeines Abwärmen	
Spezielles Aufwärmen	●	Spezielles Abwärmen	
Individuelles Aufwärmen	●	Individuelles Abwärmen	

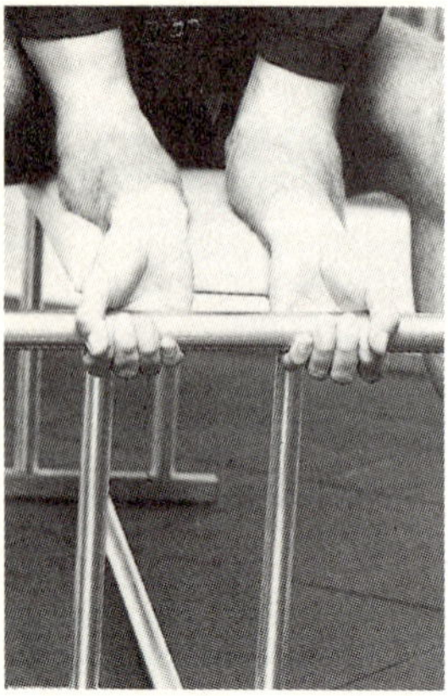

ÜBUNG KT 9

Wirkung
Kräftigung und Tonisierung der Handgelenkbeuger

Durchführung
Sie sitzen auf einer Bank und umfassen eine Stange mit individuell angepaßtem Gewicht. Aus der Streckung (Dehnung der Handgelenkbeuger!) werden die Handgelenke gebeugt.

Anmerkung
Sie können auch eine SZ-Stange oder Kurzhanteln benutzen.

Einsatzmöglichkeiten	
Allgemeines Aufwärmen	Allgemeines Abwärmen
Spezielles Aufwärmen ●	Spezielles Abwärmen
Individuelles Aufwärmen ●	Individuelles Abwärmen

ÜBUNG KT 10

Wirkung
Kräftigung der Handgelenkstrecker

Durchführung
Sie knien vor einer Flachbank und umfassen eine Stange mit individuell angepaßtem Gewicht. Aus der Beugung (Dehnung der Handgelenkstrecker!) strecken Sie die Handgelenke.

Anmerkung
Sie können auch eine SZ-Stange oder Kurzhanteln für die Übung benutzen.

Einsatzmöglichkeiten			
Allgemeines Aufwärmen		Allgemeines Abwärmen	
Spezielles Aufwärmen	●	Spezielles Abwärmen	
Individuelles Aufwärmen	●	Individuelles Abwärmen	

ÜBUNG KT 11

Wirkung
Komplexe Kräftigung und Tonisierung der Handgelenkstabilisatoren

Durchführung
Sie halten einen Hammer (ca. 1000 Gramm) mit rechtwinklig gebeugtem Ellbogen. Sie ‹kippen› Ihr Handgelenk und führen es wieder zurück. Die Übung wird langsam und gleichmäßig durchgeführt.

Einsatzmöglichkeiten	
Allgemeines Aufwärmen	Allgemeines Abwärmen
Spezielles Aufwärmen ●	Spezielles Abwärmen
Individuelles Aufwärmen ●	Individuelles Abwärmen

ÜBUNG KT 12

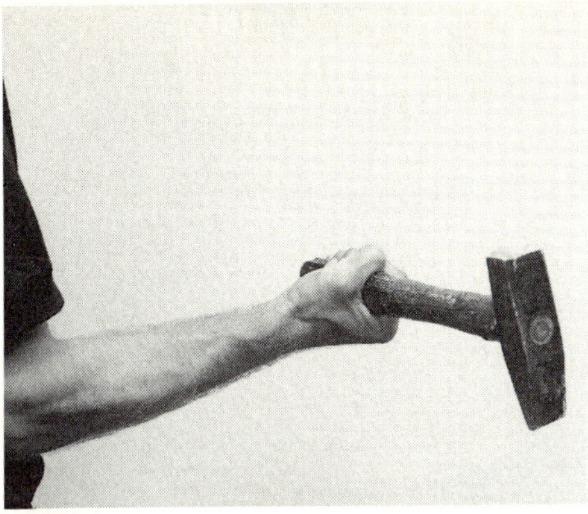

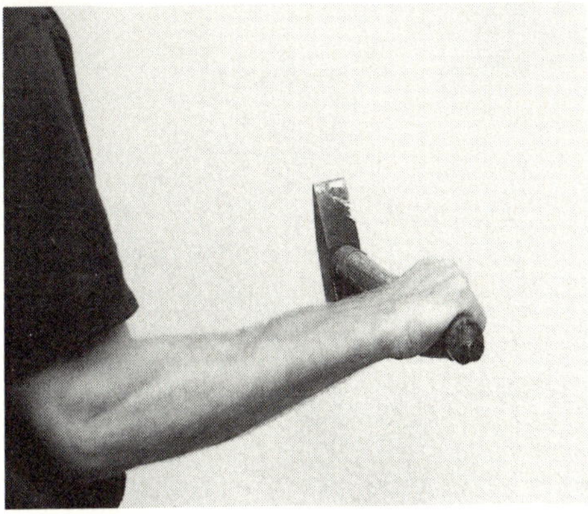

Wirkung
Komplexe Kräftigung der Handgelenkstabilisatoren und der Rotatoren des Unterarms

Durchführung
Sie halten einen Hammer (ca. 1000 Gramm) mit rechtwinklig gebeugtem Ellbogen. Sie drehen die Hand und den Unterarm nach außen und nach innen. Die Übung wird langsam und gleichmäßig durchgeführt.

Einsatzmöglichkeiten		
Allgemeines Aufwärmen		Allgemeines Abwärmen
Spezielles Aufwärmen	●	Spezielles Abwärmen
Individuelles Aufwärmen	●	Individuelles Abwärmen

ÜBUNG KT 13

Wirkung
Kräftigung und Tonisierung der Rückenstrecker- und Schultergürtelmuskulatur

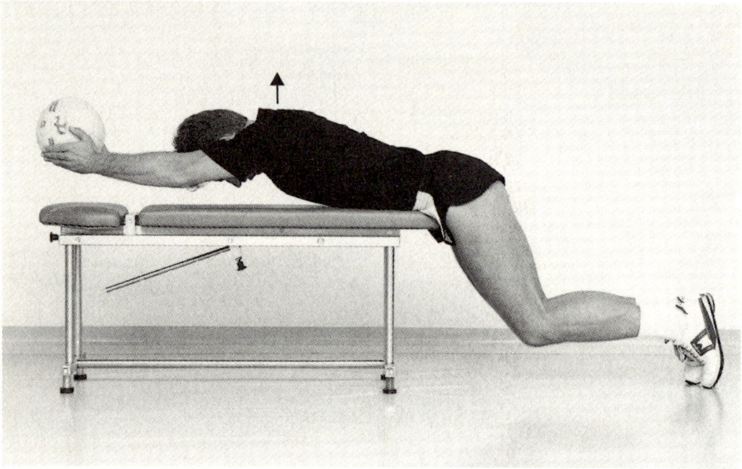

Durchführung
Sie liegen mit dem Oberkörper auf einer Bank und halten in den Händen der gestreckten Arme einen Ball. Nun heben Sie die Arme und den Oberkörper leicht von der Unterlage ab.

Anmerkung
Halten Sie die Halswirbelsäule in Verlängerung Ihrer Körperachse; gehen Sie mit der Halswirbelsäule nicht in eine überstreckte Haltung.

Einsatzmöglichkeiten		
Allgemeines Aufwärmen	❍	Allgemeines Abwärmen
Spezielles Aufwärmen	●	Spezielles Abwärmen
Individuelles Aufwärmen	●	Individuelles Abwärmen

ÜBUNG KT 14

Wirkung
Kräftigung und Tonisierung der geraden Bauchmuskulatur

Durchführung
In Rückenlage sind die Arme seitlich am Körper gestreckt angehoben. Rollen Sie Ihren Rumpf ein, stellen Sie sich vor, mit den Händen eine Wand wegzuschieben, führen Sie die Bewegung langsam und kontrolliert durch.

Einsatzmöglichkeiten		
Allgemeines Aufwärmen	●	Allgemeines Abwärmen
Spezielles Aufwärmen	●	Spezielles Abwärmen
Individuelles Aufwärmen	●	Individuelles Abwärmen

ÜBUNG KT 15

Wirkung
Kräftigung und Tonisierung der schrägen Bauchmuskulatur

Durchführung
In Rückenlage werden die Arme dicht neben den Oberschenkeln vorbeigeführt. Rollen Sie Ihren Rumpf ein, stellen Sie sich vor, mit den Händen eine Wand wegzuschieben, führen Sie die Bewegung langsam und kontrolliert durch.

Einsatzmöglichkeiten		
Allgemeines Aufwärmen	❍	Allgemeines Abwärmen
Spezielles Aufwärmen	●	Spezielles Abwärmen
Individuelles Aufwärmen	●	Individuelles Abwärmen

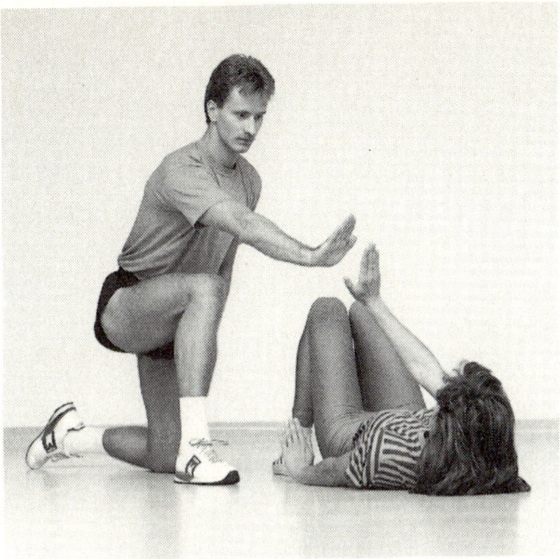

ÜBUNG KT 16

Wirkung
Kräftigung und Tonisierung der schrägen Bauchmuskulatur

Durchführung
Rückenlage, die Beine sind angewinkelt. Der linke Arm ist neben Ihrem Körper gestreckt. Sie heben nun Ihren Oberkörper mit einer leichten Verwringung ab und drücken gegen die Hand Ihres Partners. Variation: Halten Sie die Endstellung für einige Sekunden.

Anmerkung
Heben Sie Ihren Oberkörper nur leicht ab, richten Sie sich nicht vollständig auf.

Einsatzmöglichkeiten		
Allgemeines Aufwärmen	❍	Allgemeines Abwärmen
Spezielles Aufwärmen	●	Spezielles Abwärmen
Individuelles Aufwärmen	●	Individuelles Abwärmen

ÜBUNG KT 17

Wirkung

Kräftigung und Tonisierung der schrägen Bauch-, seitlichen Rumpf- und der Rückenstreckmuskulatur (einseitig)

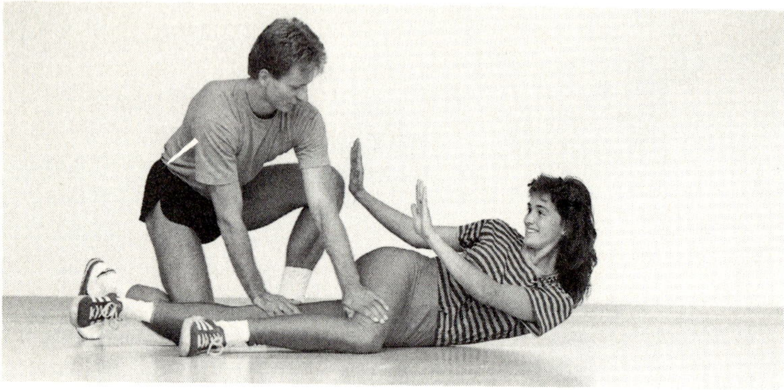

Durchführung

Seitlage, Ihr Partner fixiert Sie in der gezeigten Position; nun heben Sie ihren Rumpf seitlich langsam und gleichmäßig an.
Variation: Halten Sie die Endstellung für einige Sekunden.

Anmerkung

Die bei dieser Übung beanspruchte Muskulatur ist durch einseitige alltägliche (z. B. Taschentragen immer auf der gleichen Körperseite) oder sportliche Belastungen (z. B. alle Rückschlagspiele) häufig nur sehr einseitig entwickelt. Versuchen Sie Ihre schwächere Seite intensiver zu beüben als die schon besonders gut entwickelte Seite, oder nehmen Sie die Einkaufstüte eine Zeitlang in die andere Hand.

Einsatzmöglichkeiten			
Allgemeines Aufwärmen		Allgemeines Abwärmen	
Spezielles Aufwärmen	●	Spezielles Abwärmen	
Individuelles Aufwärmen	●	Individuelles Abwärmen	

ÜBUNG KT 18

Wirkung
Komplexe Kräftigung und Tonisierung der Rumpf- und Hüftmuskulatur

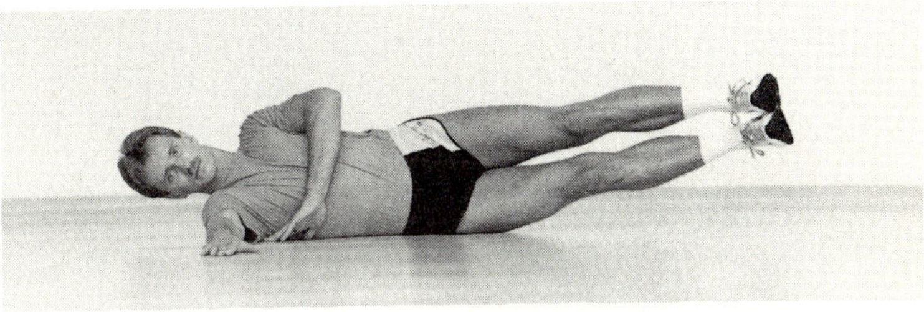

Durchführung
Seitlage, achten Sie darauf, daß Schulter, Hüfte und Fußknöchel auf einer Linie in Längsrichtung des Körpers liegen.
Variation 1: Sie heben beide Beine geschlossen ab (a).
Variation 2: Sie spreizen das obere Bein mehrfach ab, dabei ‹führt› die Ferse die Bewegung (b).

Einsatzmöglichkeiten		
Allgemeines Aufwärmen	❍	Allgemeines Abwärmen
Spezielles Aufwärmen	●	Spezielles Abwärmen
Individuelles Aufwärmen	●	Individuelles Abwärmen

ÜBUNG KT 19

Wirkung

Kräftigung und Tonisierung der Gesäß- und der tiefen Rückenmuskulatur

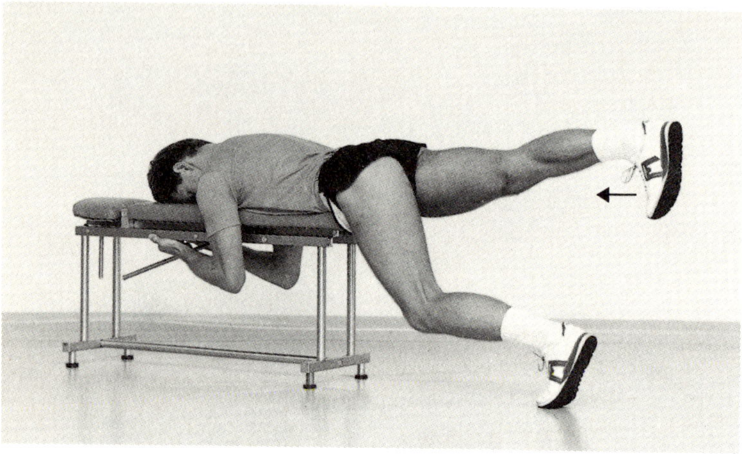

Durchführung

In Bauchlage auf einer Bank strecken Sie das rechte Bein bis in die waagerechte Position nach hinten-oben, die Fußspitze ist dabei zum Körper hin angezogen; das andere Bein ‹stemmt› wie bei einem Sprint nach vorn.

Anmerkung

Im Gegensatz zu Übung KT 20 liegt hier die muskuläre Beanspruchung besonders im Bereich der Hüftstrecker.

Einsatzmöglichkeiten		
Allgemeines Aufwärmen	❍	Allgemeines Abwärmen
Spezielles Aufwärmen	●	Spezielles Abwärmen
Individuelles Aufwärmen	●	Individuelles Abwärmen

ÜBUNG KT 20

Wirkung
Kräftigung und Tonisierung der tiefen Rücken- und der Gesäßmuskulatur

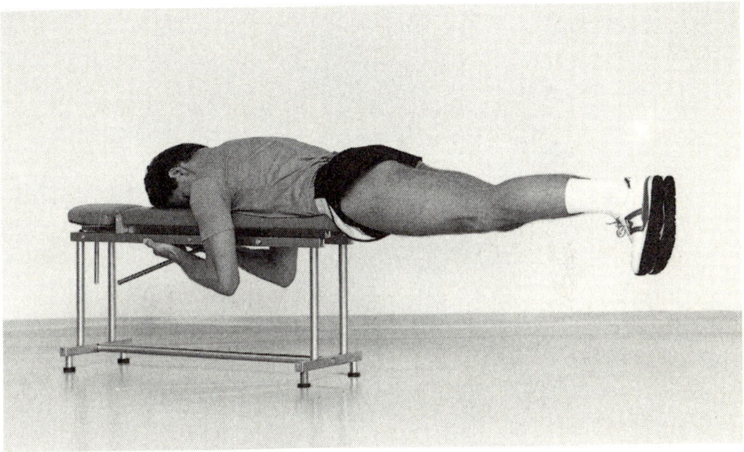

Durchführung
In Bauchlage auf einer Bank strecken Sie beide Beine horizontal nach hinten, die Kniegelenke sind vollkommen gestreckt und die Fußspitzen zum Körper hin angezogen.

Anmerkung
Im Gegensatz zur Übung KT 19 liegt hier die muskuläre Beanspruchung besonders im Bereich der tiefen Rückenstreckmuskulatur.

Einsatzmöglichkeiten		
Allgemeines Aufwärmen	❍	Allgemeines Abwärmen
Spezielles Aufwärmen	●	Spezielles Abwärmen
Individuelles Aufwärmen	●	Individuelles Abwärmen

ÜBUNG KT 21

Wirkung
Kräftigung und Tonisierung der gesamten rückwärtigen Rumpfmuskulatur, inkl. der Schulter- und Gesäßmuskulatur

Durchführung
Vierfüßerstand, Sie strecken den rechten Arm und das linke Bein; halten Sie diese Position für einige Sekunden, drehen Sie nicht die Hüfte aus.

Anmerkung
Wegen der möglichen Kniebelastung sollten Sie diese Übung auf weichem Boden oder einer Matte als Unterlage durchführen.

Einsatzmöglichkeiten		
Allgemeines Aufwärmen	●	Allgemeines Abwärmen
Spezielles Aufwärmen	●	Spezielles Abwärmen
Individuelles Aufwärmen	●	Individuelles Abwärmen

ÜBUNG KT 22

Wirkung
Komplexe Kräftigung und Tonisierung der gesamten Rückenmuskulatur

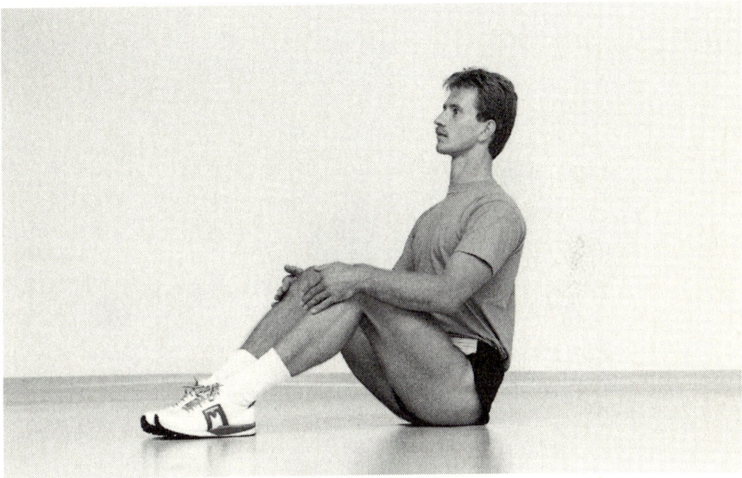

Durchführung
Sie sitzen mit leicht gebeugten Beinen entspannt auf dem Boden. Sie strecken nun den Oberkörper maximal weit nach oben, so als würde Sie jemand mit einer Schnur am Kopf hochziehen. Halten Sie die aufgebaute Spannung für einige Sekunden aufrecht.

Anmerkung
Überstrecken Sie nicht die Halswirbelsäule.

Einsatzmöglichkeiten		
Allgemeines Aufwärmen	●	Allgemeines Abwärmen
Spezielles Aufwärmen	●	Spezielles Abwärmen
Individuelles Aufwärmen	●	Individuelles Abwärmen

ÜBUNG KT 23

Wirkung
Komplexe Kräftigung und Tonisierung der gesamten Rumpf-, Hüft- und Schultergürtelmuskulatur

Durchführung
Seitstütz, halten Sie diese Position für einige Sekunden.

Einsatzmöglichkeiten			
Allgemeines Aufwärmen	❍	Allgemeines Abwärmen	
Spezielles Aufwärmen	●	Spezielles Abwärmen	
Individuelles Aufwärmen	●	Individuelles Abwärmen	

ÜBUNG KT 24

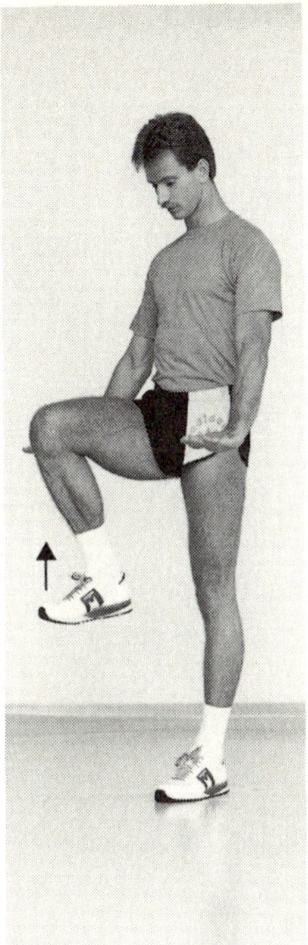

Wirkung
Kräftigung und Tonisierung der gesamten Streckerkette des Beins

Durchführung
Einbeiniger Stand, das rechte Bein ist im Hüftgelenk rechtwinklig gebeugt. Sie machen nun eine leichte Kniebeuge und strecken das Bein wieder.
Achten Sie darauf, daß das Kniegelenk nicht ‹wackelt› oder seitwärts ausweicht.

Variation: Beim Hochkommen bis in den Zehenstand gehen.

Anmerkung
Diese Übung wirkt ebenfalls kräftigend und tonisierend auf die zur Abschwächung neigenden kleinen und mittleren Gesäßmuskeln sowie auf den tiefen Rückenstrecker (unilateral).

Einsatzmöglichkeiten			
Allgemeines Aufwärmen	❍	Allgemeines Abwärmen	
Spezielles Aufwärmen	●	Spezielles Abwärmen	
Individuelles Aufwärmen	●	Individuelles Abwärmen	

ÜBUNG KT 25

Wirkung
Kräftigung und Tonisierung der Hüftbeuger und der Bauchmuskulatur

Durchführung
Heben Sie das Bein gegen den Widerstand Ihrer Hände ab; der Fuß ist zum Körper hin angezogen. Achten Sie bewußt auf eine aufrechte Körperhaltung.

Anmerkung
Setzen Sie diese Übung bei verkürzten Hüftbeugern nur sehr vorsichtig ein, kombinieren Sie diese Übung mit gezielten Dehnübungen für die Hüftbeuger (Übung D 19, S. 140).

Einsatzmöglichkeiten		
Allgemeines Aufwärmen	❍	Allgemeines Abwärmen
Spezielles Aufwärmen	●	Spezielles Abwärmen
Individuelles Aufwärmen	●	Individuelles Abwärmen

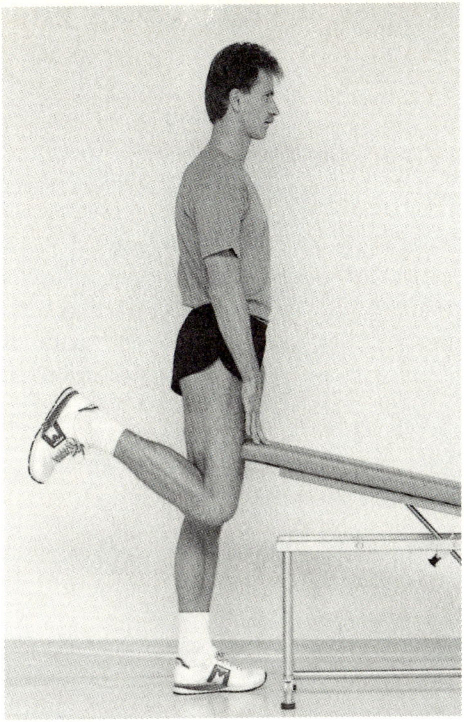

ÜBUNG KT 26

Wirkung
Kräftigung und Tonisierung der Kniegelenksbeuger

Durchführung
Sie stehen aufrecht, fixieren Ihren Oberkörper und beugen Ihr rechtes Kniegelenk mehrfach. Wenn Sie ein Gefühl für den korrekten Bewegungsablauf entwickelt haben, versuchen Sie diese Bewegung in immer höherem Tempo durchzuführen.

Um alle muskulären Anteile der Kniegelenksbeuger ausreichend zu stimulieren, können Sie den Fuß ein- und ausdrehen.

Anmerkung
Besonders gut geeignete Übung zur Vorbereitung von Sprintbelastungen und bei Dysbalancen zwischen Kniegelenksbeugern und Kniegelenksstreckern.

Einsatzmöglichkeiten		
Allgemeines Aufwärmen	●	Allgemeines Abwärmen
Spezielles Aufwärmen	●	Spezielles Abwärmen
Individuelles Aufwärmen	●	Individuelles Abwärmen

ÜBUNG KT 27

Wirkung
Kräftigung und Tonisierung der Adduktoren

Durchführung
Sie liegen flach auf dem Rücken, Ihr rechtes Bein ist angehoben und im Kniegelenk rechtwinklig gebeugt. Nun führen Sie das gebeugte Bein nach außen-unten und wieder zurück.

Einsatzmöglichkeiten			
Allgemeines Aufwärmen	❍	Allgemeines Abwärmen	
Spezielles Aufwärmen	●	Spezielles Abwärmen	
Individuelles Aufwärmen	●	Individuelles Abwärmen	

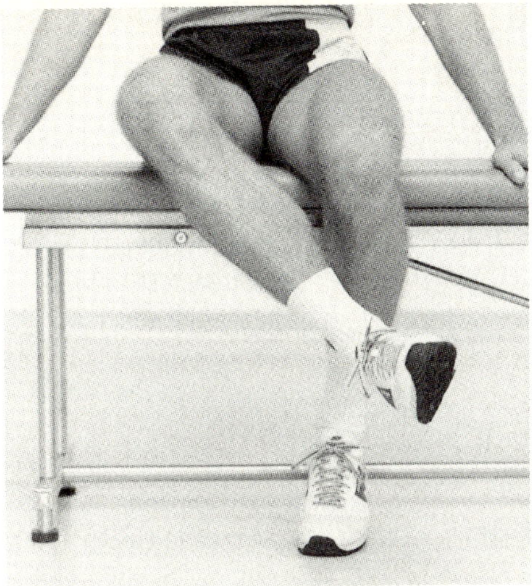

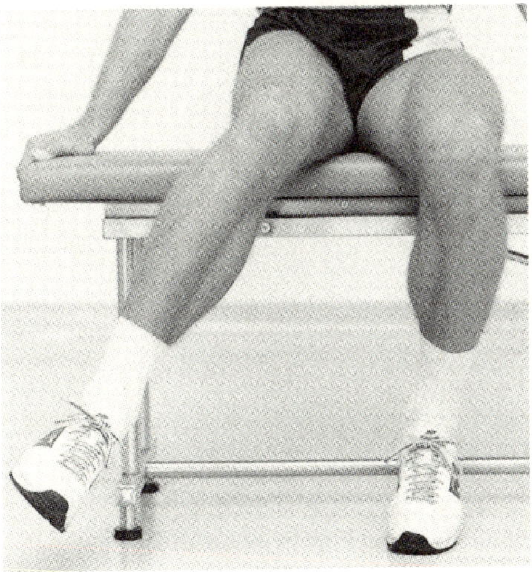

ÜBUNG KT 28

Wirkung
Komplexe Kräftigung der Hüftinnen- und Hüftaußenrotatoren

Durchführung
Sie sitzen auf einer Bank (Tisch o. ä.) und führen den Unterschenkel nach innen-oben, der Fuß zeigt während der gesamten Bewegung nach vorn (a), anschließend führen Sie Ihren Fuß nach außen-oben (b).

Anmerkung
Bei beginnenden degenerativen Schäden sowie bei anlagebedingten Hüftfehlstellungen ist bevorzugt die Innenrotation im Hüftgelenk eingeschränkt (b).

Einsatzmöglichkeiten		
Allgemeines Aufwärmen	❍	Allgemeines Abwärmen
Spezielles Aufwärmen	●	Spezielles Abwärmen
Individuelles Aufwärmen	●	Individuelles Abwärmen

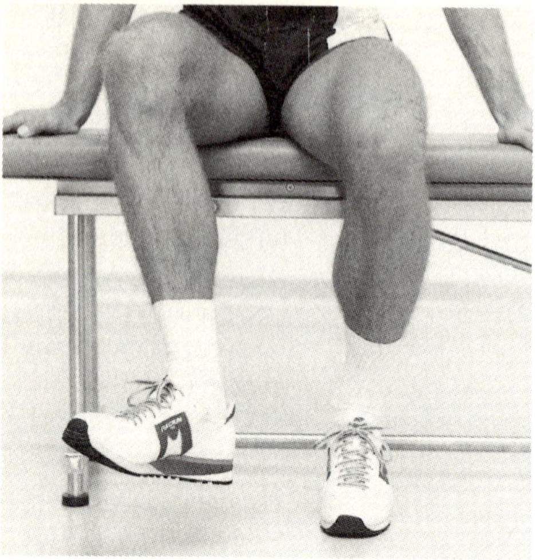

ÜBUNG KT 29

Wirkung
Kräftigung und Tonisierung der Supinatoren und Pronatoren (Ein- und Auswärtsdreher) des Fußes sowie der hinteren Oberschenkelmuskulatur

Durchführung
Sie sitzen auf einer Bank (Tisch o. ä.) und drehen bei gebeugtem Oberschenkel (90 Grad) den Fuß/Unterschenkel nach außen-oben (a) und nach innen-oben (b).

Anmerkung
Besonders gut geeignete Übung zur Stabilisierung der Sprunggelenke bei vorliegender Tendenz zum Umknicken und zur Mobilisierung von zur Einsteifung neigenden Kniegelenken.
Vorsichtig einsetzen bei Verletzungen (Meniskus, Bänder) im Kniegelenk, da alle gelenkbildenden Anteile gegeneinander bewegt werden bzw. Bänder unter vermehrte Spannung geraten können.

Einsatzmöglichkeiten		
Allgemeines Aufwärmen	●	Allgemeines Abwärmen
Spezielles Aufwärmen	●	Spezielles Abwärmen
Individuelles Aufwärmen	●	Individuelles Abwärmen

ÜBUNG KT 30

Wirkung
Kräftigung und Tonisierung der Supinatoren und Pronatoren (Ein- und Auswärtsdreher) des Fußes sowie der hinteren Oberschenkelmuskulatur

Durchführung
Sie stehen mit 90 Grad gewinkeltem Kniegelenk und drehen bei gebeugtem Oberschenkel (90 Grad) den Fuß/Unterschenkel nach innen-oben (a) und im Wechsel nach außen-oben (b).

Anmerkung
Besonders gut geeignete Übung zur Stabilisierung der Sprunggelenke bei vorliegender Tendenz zum Umknicken.

Einsatzmöglichkeiten	
Allgemeines Aufwärmen ●	Allgemeines Abwärmen
Spezielles Aufwärmen ●	Spezielles Abwärmen
Individuelles Aufwärmen ●	Individuelles Abwärmen

ÜBUNG KT 31

Wirkung
Kräftigung und Tonisierung der Fußheber und der Fußstrecker

Durchführung
Im Ausfallschritt heben (a) und senken (b) Sie den Fuß.

Anmerkung
Besonders gut geeignete Übung zur Stabilisierung der Sprunggelenke bei vorliegender Tendenz zum Umknicken; bei dieser Zielsetzung jedoch besonders das Hochziehen des Fußes einsetzen (b).

Einsatzmöglichkeiten			
Allgemeines Aufwärmen	●	Allgemeines Abwärmen	
Spezielles Aufwärmen	●	Spezielles Abwärmen	
Individuelles Aufwärmen	●	Individuelles Abwärmen	

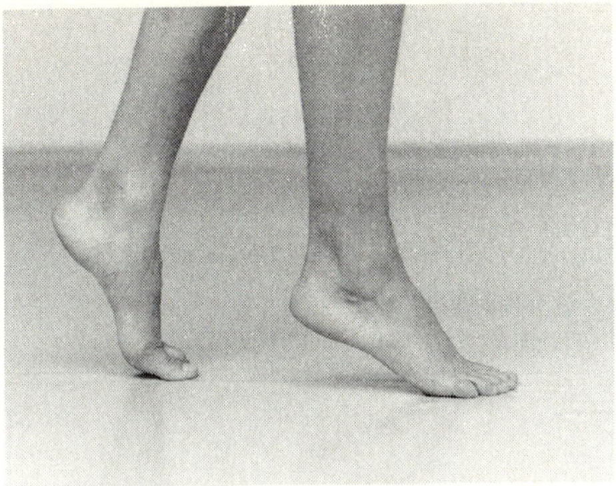

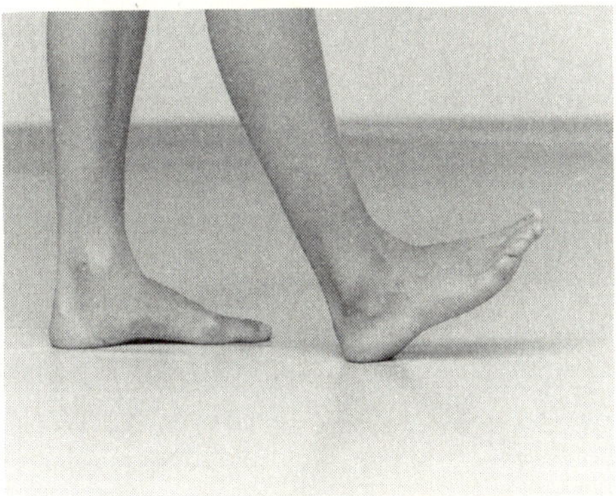

ÜBUNG KT 32

Wirkung
Kräftigung und Tonisierung der Fußheber und der Fußstrecker

Durchführung
Sie gehen einige Meter im ‹Zehengang› (a), anschließend einige Meter im ‹Fersengang› (b).

Anmerkung
Besonders gut geeignete Übung zur Stabilisierung der Sprunggelenke bei vorliegender Tendenz zum Umknicken; bei dieser Zielsetzung jedoch besonders den ‹Fersengang› einsetzen.

Einsatzmöglichkeiten		
Allgemeines Aufwärmen	●	Allgemeines Abwärmen
Spezielles Aufwärmen	●	Spezielles Abwärmen
Individuelles Aufwärmen	●	Individuelles Abwärmen

ÜBUNG KT 33

Wirkung
Kräftigung und Tonisierung der Fußaußenrandheber

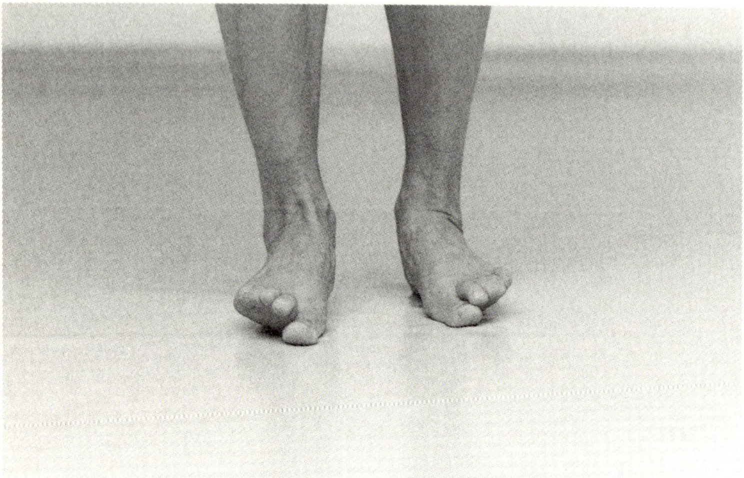

Durchführung
Sie gehen einige Meter auf der Innenseite der Füße; Sie heben aktiv die Außenseite an.

Anmerkung
Besonders gut geeignete Übung zur Stabilisierung der Sprunggelenke bei vorliegender Tendenz zum Wegknicken nach außen-unten (Supinationstrauma).

Einsatzmöglichkeiten		
Allgemeines Aufwärmen	❍	Allgemeines Abwärmen
Spezielles Aufwärmen	●	Spezielles Abwärmen
Individuelles Aufwärmen	●	Individuelles Abwärmen

ÜBUNG KT 34

Wirkung
Kräftigung und Tonisierung der Zehenbeuger und der gesamten Muskulatur der Fußunterseite

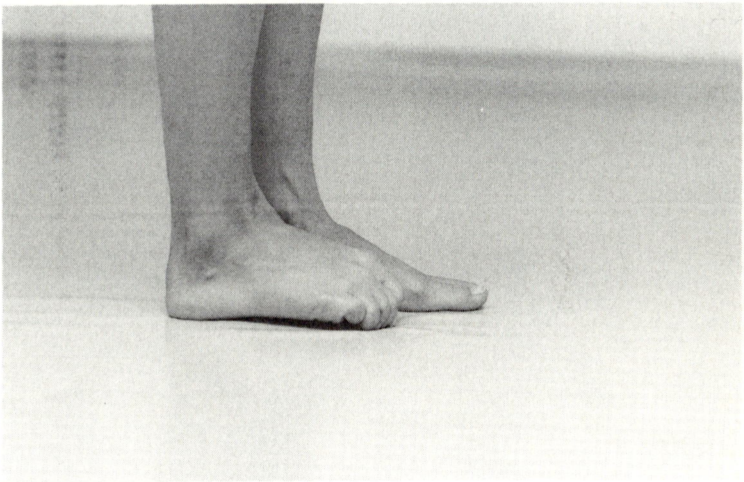

Durchführung
Im Stand versuchen Sie sich durch das Beugen der Zehen nach vorn zu ziehen.

Anmerkung
Nicht einsetzen bei bestimmten Fehlformen der Füße (z. B. Hohlfuß) oder bei bestimmten Fehlformen der Zehen (z. B. ‹Hammerzehen›).

Einsatzmöglichkeiten		
Allgemeines Aufwärmen	❍	Allgemeines Abwärmen
Spezielles Aufwärmen	●	Spezielles Abwärmen
Individuelles Aufwärmen	●	Individuelles Abwärmen

Anhang

SPORTMETHODISCHE MASSNAHMEN (AUSWAHL)
• Effektive Belastungsgestaltung durch Beachtung trainingswissenschaftlicher Grundsätze (Trainingsmethodik) wie die konsequente Anwendung von vor- und nachbereitenden Trainingsübungen und -inhalten. • Beachtung der Wechselbeziehungen zwischen Belastung und Erholung. • Vermeidung von Einseitigkeiten in der Belastungsgestaltung. • Spitzenbelastungen nur unter dem konsequenten Einsatz speziell und individuell vor- und nachbereitender Maßnahmen. • Bei hohen bzw. einseitigen Belastungen Nutzung anderer Sportarten (Ausgleichssport) im Sinne der aktiven Erholung. • Bei Überlastungs- bzw. Fehlbelastungssymptomen konsequente Nutzung sportmethodischer und -medizinischer Wiederherstellungsmethoden (vgl. A 2 wie dosierte Dehnungen bzw. leichte, durchblutungsfördernde Bewegungen) sowie aller zur Verfügung stehenden passiven Maßnahmen (vgl. Tab. A 2–A 5). • Prinzipielle Anwendung regenerationsfördernder sportmethodischer Maßnahmen (z. B. Auslaufen, Dehnen u. a.) *während* bzw. *nach* jeder Trainings- und Wettkampfeinheit.

Tabelle A 1

SPORTMEDIZINISCHE MASSNAHMEN (AUSWAHL)

- Optimale Tagesgestaltung im Sinne des eigenen Biorhythmus, des Schlaf-Wach-Rhythmus, der Eß- und Trinkgewohnheiten, der Aufnahme von Genußmitteln (Nikotin, Alkohol) und des Sexualverhaltens.
- Auf den Sportler und dessen sportliche Betätigung abgestimmter Einsatz physiotherapeutischer Anwendungen mit ihrer gesamten Palette von Möglichkeiten. Gezielte Förderung, Hemmung und Regulation des lokalen und globalen Stoffwechsels (vgl. Tab. A 3, A 4 und A 5).
- Bedarfsgerechte und belastungsadäquate Ernährung.
- Einnahme von nahrungsergänzenden Zusatzpräparaten (Vitamine, Mineralstoffe, andere Substanzen).
- Einnahme von ärztlich verordneten Medikamenten.
- Beratung bei der Sportausrüstung (Schuhwahl, Einlagengestaltung, Schlägermaterial u. a.).

Tabelle A 2

SYMPATHIKOTON (ANREGEND) WIRKSAME MASSNAHMEN (SELBSTANWENDUNG)

- Körperübungen
- Wechselbäder / Wechselduschen
- Kneippgüsse
- Wassertreten
- Eisbaden
- Luftbäder (Gymnastik am offenen Fenster)
- Teilmassagen
- Bürstenmassagen

Tabelle A 3

VAGOTON (DÄMPFEND, ENTSPANNEND) WIRKSAME MASSNAHMEN (SELBSTANWENDUNG)

- Entspannungsbäder (Wannenbäder mit Badezusätzen)
- Massagen (Unterwassermassagen)
- Sauna
- UV-Bestrahlungen (Solarium)
- Warme Packungen

Tabelle A 4

DURCHBLUTUNGSFÖRDERNDE MASSNAHMEN (SELBSTANWENDUNG)		
• Wärmehyperämie	Vermehrter venöser Bluteinstrom ins Gewebe durch Weitstellung der peripheren Gefäße bei Wärmeanwendung	– Wasseranwendungen mit und ohne Badezusatz (Wannenbäder) – Sauna – warme Packungen (Fango), Heizkissen – Heißluft
• Kältehyperämie	Sofort nach Absetzen des Kältereizes findet ein vermehrter arterieller Bluteinstrom ins Gewebe durch Weitstellen des arteriellen Anteils des Gefäßsystems statt	– Kaltwaschungen – Wechselduschen (heiß-kalt) – Kneipp-Güsse – Wassertreten – barfuß im Tau oder Schnee – Eisbaden (Sauna-Abkühlbecken) – Sauna mit anschließendem Eisbaden
• Mechanische Hyperämie	Vermehrter Bluteinstrom ins Gewebe durch mechanische Einwirkungen	– Bürstungen, Bürstenmassagen – Massage (Selbstmassage) – Vibrationsgeräte
• Chemische Hyperämie	Durchblutungssteigerung im Gewebe	– Einreibungen nach der sportlichen Belastung (Fluids, Salben u. a.)
• Andere Formen der Hyperämie	Durchblutungsförderung der Gewebe (global) durch äußere, physikalische Reizeinwirkungen	– UV-Bestrahlungen (Solarium) – Natürliche Sonneneinstrahlung – Reizklima (Aufenthalt am Meer, im Hochgebirge)

Tabelle A 5

Literaturhinweise

Anderson, B.: Stretching. Waldeck-Dehringshausen 1982.

Aschoff, J. / Günther, B. / Kramer, K.: Energiehaushalt und Temperaturregulation. München 1971.

Bandi, W.: Die retropatellaren Kniegelenkschäden: Pathogenese, pathologische Anatomie, Klinik, Therapie und Begutachtung. Stuttgart 1982.

Badtke, G.: Sportmedizinische Grundlagen. Frankfurt 1989.

Bantzer, W. / Freiwald, J.: Thermodiagnostik im Sport – Einsatzmöglichkeiten in Prävention und Rehabilitation von funktionellen und morphologischen Störungen des Bewegungssystems. In: ThermoMed 5 (1989), 35–40.

Beyer, L. / Schober, F. / Acheron, R.: Optimierung der Erwärmung aus zentralnervaler Sicht. In: Medizin und Sport, 26 (1986), 5, 145.

Binkowski, H. / Huber, G. (Red.): Muskeltraining in der Sporttherapie. Band 1. Echo Verlags-GmbH Köln, 1989.

Bremer, D. / Engelhardt, M. / Kremer, A. / Wodick, R. (Red.): Triathlon: Physiologie, Betreuung, Trainingsplanung. Czwalina, Ahrensburg 1990.

Brenke, H. / Dietrich, L. / Berthold, F.: Trainingsmethodische Hinweise zur Vermeidung von Schäden am Stütz- und Bewegungsapparat. In: Theorie und Praxis der Körperkultur 35 (1986), 1, 56–63.

Bringmann, W.: Trainingsmethodische Grundsätze in der Prävention und Therapie. Zeitschrift für ärztliche Fortbildung, Jena, 1987, 1235–1239.

Crampton, J. / Fox, J.: Regeneration vs. burnout: prevention is better than cure. Sports coach, Canberra, 4 / 6 1987, 7–11.

Condon, S. M. / Hutton, R. S.: Soleus muscle electromyographic activity and ankle dorsiflektion range of movement during four stretching procedures. Phys. Therapy 67, 24 (1984).

Cotta, H. / Krahl, H. / Steinbrück, K.: Die Belastungstoleranz des Bewegungsapparates. Stuttgart 1980.

Cusson, R.: Regeneration program in professional sports. Wave lenghts, Ont., Canada, 1986, 9–12.

Dimsdale, J. E.: Postexercise cool-down. Sports medicine digest, 5/1984,6.

Eder, K.: Regeneration im Leistungssport. Leistungssport, Münster, 5/ 88, 20–22.

Ehricht, H.-G.: Prinzipielles zur Genese von Fehlbelastungen. Medizin und Sport, 13 (1973), 5, 146–147.

Fauls, D.: General training techniques to warm up and cool down the throwing arm. Aus: Zarins, B. et al. (Hrsg.): Injuries to the throwing arm. Sports medicine council, Philadelphia; Toronto; 1985, 266–276.

Flippin, R.: Cool down your body-Gimme Swelter: summers here and the time is right for the lustful vigor of exercise. But don't get beat by the heat. American health, New York, 7 / 1987, 78–80; 82.

Freiwald, J.: Das Training individueller gestalten. Fußballtraining 1 / 88.
Freiwald, J.: Prävention und Rehabilitation im Sport. Reinbek bei Hamburg 1989.
Freiwald, J.: Untersuchungen zum Herzfrequenzverhalten während auf- und abwärmender sportlicher Tätigkeiten. Unv. Arbeit, Frankfurt 1990.
Freiwald, J.: Untersuchungen zum Effekt abwärmender Tätigkeiten mittels EMG-Oberflächenableitung an ausgewählten Muskeln und die gezielte Beeinflussung durch ein EMG-Biofeedback System. Unv. Arbeit, Frankfurt 1990.
Freiwald, J.: Muskelfunktionstests mit Fußballspielern verschiedener Leistungsklassen und deren prädisponierende Dimensionen. Unv. Arbeit, Frankfurt 1990.
Glover, B.: Warm up, cool down. Running & fitness, 9 / 10 1982.
Gottschalk, K.: Zum Problem der Wiederherstellung der Leistungsfähigkeit im Massensport. Theorie und Praxis der Körperkultur 37 (1988), 6, 408–415.
Gottschalk, K.: Betrachtungen zum Problem der Unterstützung zur Wiederherstellung der Leistungsfähigkeit nach volkssportlichen Belastungen. Theorie und Praxis der Körperkultur 29 (1989) 3 / 4, 65–70.
Groher, W.: Die Chondropathia patellae in Beziehung zum Sport. Deutsche Zeitschrift für Sportmedizin, 30 (1979), 10, 340–344.
Grosser, M.: Gelenkbeweglichkeit und Aufwärmeffekt. In: Leistungssport 7 (1977), 1, 38–43.
Hamm, M.: Fitneßernährung, Reinbek bei Hamburg 1990.
Hanson, S. B.: Water workout; slime and shape up while you cool down in the pool. Fit (Mountain view, Calif.), 7 / 1984, 60–61.
Hartmann, W.: Selected bibliography: 7-regeneration. New studies in athletics (Rome), 9 / 1987, 85–99.
Hollmann, W. / Hettinger, T.: Sportmedizin – Arbeits- und Trainingsgrundlagen. Stuttgart / New York 1980.
Hollmann, W.: Risikofaktoren in der Entwicklung des Hochleistungssports. In: Deutsche Zeitschrift für Sportmedizin, 38 (1987), 2, 36–39.
Hoster, M.: Zur Bedeutung verschiedener Dehnungsarten bzw. Dehnungstechniken in der Sportpraxis. In: Die Lehre der Leichtathletik 38 (1987), 31, 1523–1526.
Hoster, M.: «Stretching» versus «konventionelles Dehnen». In: Sporttherapie (5) 1989, 3, 5–6, Teil 1. Teil 2: 1989, 4, 7–9.
Hoster, M.: Die Bedeutung der Muskeldehnung für vorausgehende bzw. nachfolgende Kraftbelastungen. In: *Binkowski, H. / Huber, G.* (Red.): Muskeltraining in der Sporttherapie. Band 1. Köln, 1989, S. 121–130.
Hughson, R. L.: Basis for restoration and regeneration. Track and field journal (Ottawa), 33 / 1987, 17–18.
Imhof, U.: Überlastungen, Ursachen und Gegenmaßnahmen. Skilanglauf Magazin, 1984, 3, 34–36.

Israel, S.: Das Erwärmen als Startvorbereitung. In: Medizin und Sport 17 (1977), 12, 386–391.
Jacobson, E.: Progressive Relaxation. University of Chicago Press, 1938.
Jakolew, N. N.: Sportbiochemie. Leipzig 1977.
Janda, V.: Muskelfunktionsdiagnostik. Heidelberg 1976.
Jensen, C. R.: The controversy of warm-up. In: Swimming Technique 6 (1969), 104–105.
Jonath, U. (Hrsg.): Lexikon Trainingslehre. Reinbek bei Hamburg 1988.
Kempf, H. D.: Die Rückenschule. Reinbek bei Hamburg 1990.
Keul, J., et al.: Aufwärmen – Verhütung von Verletzungen und Förderung der Leistungsfähigkeit. Leistungssport, 13 (1983), 6, 13–18.
Keydel, H.: Ganzkörpergymnastik als Aufwärmprogramm? Die Lehre der Leichtathletik, 31 (1980), 1 / 2, 25.
Knebel, K.-P.: Funktionsgymnastik. Reinbek bei Hamburg 1988.
Knebel, K.-P. / Herbeck, B. / Hamsen, G.: Fußball-Funktionsgymnastik. Reinbek bei Hamburg 1988.
Knebel, K.-P. / Herbeck, B. / Schaffner, S.: Tennis-Funktionsgymnastik. Reinbek bei Hamburg 1988.
Kortmann, O.: Spielnahes Aufwärmen steigert den Lernerfolg. Deutsche Volleyballzeitschrift 5 / 1981; Beilage Lehre und Praxis des Volleyballspiels, 13–14, 1981.
Koyama, T. / Kazio, Y.: Total Japanese warm-up and cool-down program. Aus: Bertucci, B. (Hrsg.): Championship volleyball: by the experts, New York, Leisure Press, 1982, 211–225.
Krejci, V. / Koch, P.: Muskelverletzungen und Tendopathien der Sportler. Stuttgart 1982.
Kuhn, W.: Eine vergleichende Untersuchung zum psychischen und mentalen Aufwärmen. Leistungssport, 3 (1973), 2, 140–146.
Kuntoff, R. / Darwish, Z.: Wie erwärmen wir uns vor dem Wettkampf? In: Der Leichtathlet (1975), 46, 5 u. 8.
Kuprian, W., et al.: Sport-Physiotherapie, Stuttgart 1981, 1990 (2. Aufl.).
Leard, J. S. / Guilfoyle, J. E.: Physiological basis of warm up and cool down. Aus: Bernhardt, D. B. (Hrsg.): Sports physical therapy, New York, 1986.
Lehnertz, K. / Martin, D.: Regeneration des schnellkoordinativen Leistungsvermögens nach Ausdauer-, Schnellkraft-und Maximalkrafttrainingseinheiten. Leistungssport 12 / 1985, 39–46.
Letuwnik, S. / Freiwald, J.: Fitneß für Frauen. Reinbek 1990.
Lydiard, A.: Aufwärmen: wie lange und warum? Spiridon, 5 (1979), 2, 20.
Maehl, O.: Beweglichkeitstraining. Ahrensburg 1986.
Maehl, O. / Höhnke, O.: Aufwärmen. Ahrensburg 1988.
Makay-Smith, M.: Warm up and cool down: performance essentials. Maximizing athletic success and preventing injury in only a few moments time. Equus, Gaithersburg, 10 / 1985, 14–17.

Martin, D.: Ermüdung als Steuergröße im Training. Sportwissenschaft, Schorndorf, 12 / 1987, 387–393.

Matuszewski, W.: Rehabilitative regeneration in sports. Sports science periodical on research and technology in sport. Ottawa, 1 / 1985, 1–5.

Melzer, J.: The application of therapeutic modalities within the framework of regeneration. New studies in athletics. Rome, 9 / 1987, 57–61.

Metcalf, J. A.: The physiological significance of warm-up and cool-down periods in the exercise bout. Virginia journal, Harrisonburg, 11 / 1983.

Moore, M. / Hutton, R. S.: Electromyographic investigation of muscle stretching techniques. Med. Science Sports Exerc. 12, 322 (1980).

Nelson, D. L. / Hutton, R. S.: Dynamic and static stretch responses in muscle spindle receptors in fatigued muscle. Med. Science Sports Exerc. 17, 445 (1985).

Nichols, R. M.: Warm-up cool-down exercises. Runners world, 11 / 1984.

Nielsen, B.: Körpertemperatur und physische Leistung (Dänisch). Tidsskrift for idraet (1982) 5.

Preibsch, M. / Reichardt, H.: Schongymnastik. München 1989.

Rompe, G. / Biehl, G.: Trainingsbegleitende Maßnahmen als Vorbeugung auf Verletzungen und Wiederherstellung nach harten Trainingsbelastungen. Beiheft zu Leistungssport (1975), 3, 41–50.

Rost, R.: Krafttraining bei Herz-Kreislauf-Erkrankungen. In: Sporttherapie in Theorie und Praxis, (5) 2 / 1989, 9–12.

Röthig, P. (Red.): Sportwissenschaftliches Lexikon. Schorndorf 1983.

Schagerl, G.: Prävention, Rekreation: mögliche Aufgabenbereiche des Sportwissenschaftlers. Leibesübungen–Leibeserziehung, 35, 1981.

Scheibe, J. / Buhl, H. / Keil, E.: Wiederherstellung nach extremen Ausdauerbelastungen. Medizin und Sport 21, 1981, 12–14.

Scheibe, J. / Seidel, E. / Wick, Ch. / Rauch, S.: Zur Wirkung ausgewählter belastungsverarbeitender Maßnahmen auf die Wiederherstellung des Stütz- und Bewegungssystems. In: Medizin und Sport 28 (1988), 7.

Schierz, M.: Judo-Praxis. Reinbek bei Hamburg 1989.

Schober, H. / Kraft, W. / Wittekopf, G. / Schmidt, H.: Beitrag zum Einfluß verschiedener Dehnungsformen auf das muskuläre Entspannungsverhalten des M. quadriceps femoris. In: Medizin und Sport 30 (1990), 3, 88–91.

Schwope, F.: Sportmassage. Reinbek bei Hamburg 1987 / 1988.

Sollmann, U.: Bioenergetik in der Praxis. Reinbek bei Hamburg 1988.

Sölveborn, S. A.: Das Buch vom Stretching. München 1983.

Sommer, H. M.: Muskuläre Ungleichgewichte im Bereich der unteren Extremitäten als Ursache für Leistungsverlust und Überlastung. In: Jeschke, D. (Hrsg.), Stellenwert der Sportmedizin in Medizin und Sportwissenschaft. Berlin 1984, 440–444.

Sonnenschein, I. / Tradt, A.: Psychoregulationstraining für Leistungssportler. In: Die Lehre der Leichtathletik 33 (1982), 14, 447–448.

Spring, H.: Was bringt Stretching? Ergebnisse einer Nachkontrolle bei Skirennfahrern. Schweizer Zeitschrift für Sportmedizin, 33 (1985).

Steinbach, M.: Medizinisch-psychologische Betrachtungen zum Vorstartzustand. In: Sportarzt und Sportmedizin 21 (1970), 4, 82–90.

Strauzenberg, S. E.: Umstellung und Anpassung des kardiovaskulären Systems bei sportlicher Belastung. In: Medizin und Sport 18 (1978), 6.

Syer, J. / Connolly, C.: Psychotraining für Sportler. Reinbek bei Hamburg 1987 / 1988[2].

Thiel, A.: Präventivmaßnahmen im Breiten- und Leistungssport aus der Sicht der Sporttraumatologie. In: Cotta et al., 1980, 188–194.

Thorson, J.: Cool-down: How and why. Fitness industry, Miami, 3 / 4-1984.

Tittel, K.: Funktionell-anatomische und biomechanische Grundlagen für die Sicherung des athro-muskulären Gleichgewichts im Sport, ein Beitrag zur Erhöhung der Belastbarkeit bindegewebiger Strukturen. In: Medizin und Sport 26 (1986), 1, 2–4.

Tschiene, P.: Der aktuelle Stand der Theorie des Trainings. In: Leistungssport 20 (1990), 3, 5–9.

Villwock, T.: Einfluß des Aufwärmens im Schulsportunterricht auf den Trainingsprozeß. Magisterarbeit. Frankfurt 1985.

de Vries, H. A.: Effects of various warm-up procedures on 100-yard times of competition swimmers. In: Res. Quart. 30 (1959), 11–20.

Warren, C. G., et al.: Elongation of rat tail tendon: effect of the load and temperature. Arch. Phys. Medicine Rehabilitation (1971), 465–474.

Weber, J., et al.: Die Bedeutung muskulärer Dysbalancen für die Störung der athromuskulären Beziehung. In: Medizin und Sport 25 (1985), 5.

Weicker, H. / Barwich, D. / Klett, G. / Ritthaler, F.: Die hormonelle Regulation bei körperlicher Belastung. In: Sportwissenschaft 11, 1981, 386–405.

Weineck, J.: Sportbiologie. Erlangen 1988.

Werchoschanski, J. W.: Effektiv trainieren. Sportverlag Berlin (DDR) 1988.

Wydra, G. / Karisch, G.: Zur Bedeutung der palpatorischen Pulsbestimmung im Gesundheitssport. In: Gesundheitssport und Sporttherapie (6), 1 / 1990, 4–7.

Zieschang, K.: Aufwärmen bei motorischem Lernen, Training und Wettkampf. In: Sportwissenschaft 8 (1978), 1, 235–251.

Zieschang, K.: Zum Einfluß des Aufwärmens auf den motorischen Lernprozeß. In: Beiheft zu Leistungssport, 22 (1980), 7, 63–73.

Der Autor

Jürgen Freiwald, Jahrgang 1957, ist Professor der Sportwissenschaft an der Westfälischen Wilhelms Universität in Münster. Seit vielen Jahren beschäftigt er sich mit Trainingsthemen, besonders mit präventiven und rehabilitativen Maßnahmen im Sport.

Das Team

Clarissa Sagerer, geb. am 25. 11. 1963, Diplom-Sportwissenschaftlerin, mehrfache hessische Meisterin im Siebenkampf der Frauen, derzeit leitende Landestrainerin des hessischen Leichtathletik-Verbandes.

Bodo Daniel, geb. am 19. 10. 1960, Diplom-Betriebswirt (FH), Kickboxer, mehrfacher bayerischer, süddeutscher und deutscher Meister sowie Weltmeister 1985 (Leicht- und Vollkontakt) im Halb- und Mittelgewicht.